佐賀偉人伝――08

辰野金吾

清水重敦
河上眞理
著

佐賀偉人伝08　辰野金吾目次

はじめに

辰野金吾《たつのきんご》という人物は、《東京駅》に代表される、白色のストライプが映える赤煉瓦の様式建築、いわゆる「辰野式」建築を全国に残した建築家として知られている。国家を代表する建築を手がけた人物として名が通るのはもちろんであるが、それに留まらず、日本の建築界の行く末を決めるグランドデザインを描き、実現した人物でもあった。いわば日本建築界の父である。その思想は、今日の我々が目にする建築景観の源というべきものであろう。従って辰野の思想を見つめ直すことは、現在の日本の国土を見つめ直すことと同義である。

辰野の建築哲学は、彼が第一期生として卒業した工部大学校造家学において受けた教育、特にイギリス人教師ジョサイア・コンドルからの影響、そして卒業後直ちに出発したイギリス留学と、続くフランス、イタリアへの遊学による見聞によって形成されてきたと指摘されている。このうち、工部大学校時代のことはよく知られているのだが、ヨーロッパ留学時代のことは、実はこれまでごく断片的にしか知られておらず、その影響については、多く、想像に留まっていたというべきかもしれない。従って、辰野の行動原理の形成は、ほとんどが辰野の出自と工部大学校で受けた教育に帰されてきた。

筆者らは、一つ、また一つと、辰野がヨーロッパにおいて得た経験の意味を知

辰野金吾／『建築雑誌』三八八号「笑める辰野博士」

る史料と出会い、そのたびに、これまで語られてきたのとは幾分異なる辰野像を知り、違和感を感じ始めていた。そして、平成二十一年夏、留学時代の辰野の足跡が生々しく記された辰野自身によるスケッチブック『辰野金吾滞欧野帳』全四冊と出会うことになった。失われたと考えられていた幻のスケッチブックが、目の前に現れたのである。そこには、人間辰野金吾が裸のまま、縁もゆかりもない地に一人で佇み、時に自らの背負う日本の文化と対峙しながら、環境が語りかけてくるものを貪欲に吸収している様が、生き生きと描出されていた。そこにいる辰野は、我々が聞かされてきた、「辰野堅固」と渾名された厳格なる大家とは大いに違う、若々しい情熱と人情味に溢れた一青年であった。最新の建築に触れ、優れた建築家の心情に触れ、画家や彫刻家とも積極的に交流する。国家の組織の中で自らの立ち位置を厳格に定めた後の辰野像とは必ずしも合致しない、原辰野像のようなものが、そこかしこに見られるのである。

おそらく、我々は、いまだ色が付かない青年期の辰野の足跡に立ち返って辰野像を見直し、ひいては日本の建築界を見直す作業をはじめなければならないのだろう。辰野金吾を語ることは、日本の建築界の根源を新たな目で見つめ直すことに他ならないのである。

〈清水重敦〉

第一章　生涯

《日本銀行本店》や《東京駅》を手がけた建築家、あるいは東京帝国大学工科大学造家学科教授として日本の建築界の礎を築いた教育者。華やかな経歴に彩られた辰野金吾の生涯は、日向の表街道を堂々と歩むような、明るさに満ちたものであったかにみえる。しかし、若き日の欧州体験を生々しく刻んだ『辰野金吾滞欧野帳』に触れると、その生涯は、栄光に満ちたものというよりは、努力と挫折、そして闘いの連続のような、険しい道のりであったように思われてくる。

辰野の生涯を、単に右肩上がりとしてではない視点でとらえる上でのキーワードを三つ挙げよう。一、工部大学校と東京大学、二、ウィリアム・バージェス、三、グランド・ツアー、である。辰野が建築学を学んだ工部大学校は、後に帝国大学工科大学へと改組され、現在の東京大学へと繋がるもので、当時の最高学府であったように思われがちだが、これは少し違っている。工部大学校は殖産興業政策を担った役所である工部省管轄の学校であり、これとは別に、文部省管轄の東京大学が工学教育を含む総合大学として君臨していた。二つ目のウィリアム・バージェスは、辰野が工部大学校を卒業してイギリスへ官費留学した際に師

辰野金吾生家／『工学博士辰野金吾伝』

事したロンドンの著名建築家である。辰野の師匠といえば工部大学校のお雇い外国人教師ジョサイア・コンドルの名が必ず挙がるが、辰野の建築思想には、むしろバージェスからの影響の方が色濃く表れている。三つ目のグランド・ツアーは、同じく工部大学校卒業後の官費留学の中で訪れた欧州での体験のことである。辰野の思想、作品にはイギリスからの影響が強く見られるわけだが、欧州体験を元に見直してみると、イタリアへの強い愛着が感じられるなど、その作風も異なって見えてくる。これらのキーワードに留意しながら、まず、辰野の生涯を概観していこう。

唐津から世界へ

辰野金吾は、安政元年（一八五四）八月二十二日、肥前唐津城下町に藩士姫松《ひめまつ》倉右衛門《くらえもん》の次男として生を受けた。生家は唐津城下の外堀のさらに外、草葺きの屋敷の並ぶ裏坊主町《うらぼうずまち》にあった。藩士ではあったものの、最下級に近い身分である。町内には、後に辰野の片腕として設計活動を支える岡田時太郎《おかだときたろう》の家もあった。

明治元年（一八六八）、江戸より帰藩した叔父辰野宗安の養子となり、辰野姓を名乗ることとなった。といっても、辰野家も同じ裏坊主町にあり、生垣の奥に草葺きの寄棟屋根をかけた主屋が立つ質素な構えの家であった。

唐津では、野辺英輔《のべえいすけ》の塾で修学し、塾頭にまで進んだ。同時に藩の志道館《しどうかん》に通学し、漢学を学んでいる。とはいえ、この時点での辰野は、遠く江戸に思いをはせる一介の子弟に過ぎない。

《日本銀行本店》明治 29 年／『明治大正建築写真聚覧』

小笠原長行

東太郎（高橋是清）
『高橋是清自伝』千倉書房

同藩には、後に工部大学校において共に学ぶことになる曾禰《そね》達蔵《たつぞう》（一八五二〜一九三七）がいた。曾禰家は唐津藩江戸藩邸詰めの藩士で、祐筆を務めるなど文で知られるとともに、藩主小笠原家から篤く信頼された家柄であった。達蔵自身も、幕府老中を務めた小笠原長行《おがさわらながみち》に付き従い、慶応二年（一八六六）の長州征伐から会津へと転戦している。曾禰と比べると明らかなように、辰野の出自には、国家や世界へ躍進するための足掛かりとなる土台が欠けていたといえる。

しかし、その辰野にも、国家や世界への意識が芽生える契機が訪れた。辰野と同年生まれの高橋是清《たかはしこれきよ》との出会いである。唐津藩が明治三年に設立した洋学校「耐恒寮《たいこうりょう》」に、まずは曾禰が、そして辰野が学んだのだが、そこに東《あずま》太郎《たろう》の変名で高橋が英語教師として招かれた。高橋は若年ながらすでに在米経験がある上、後に文部大臣となる森有礼《もりありのり》の知遇を得ているなど政府に人脈を持っていた。この出会いが唐津の若者たちに与えた影響のほどは、推して知るべしである。耐恒寮はわずか一年で閉校となったため高橋は東京へと戻るが、曾禰が、そして遅れて辰野が、高橋を追うように東京へと移っていった。なお高橋は、後に《日本銀行本店》の工事の建築事務主任として辰野と共同するなど、辰野の人生と折々に交錯していく。

東京に居を移した辰野は、私塾「耐恒学舎《たいこうがくしゃ》」を主催していた旧唐津藩士山口文次郎の食客となり、教師のイギリス人モリスから英会話を学習するなど、着々とその目を世界へと向ける準備を進めていた。

辰野金吾（工部大学校在学時）
『工学博士辰野金吾伝』

工部大学校における建築修学

明治六年、殖産興業を担う官庁である工部省が、工業士官教育のための高等教育機関「工学寮」を開校した。明治十年に改組されて「工部大学校」となるこの学校は、イギリスから教師団を招き、同国における工学教育を下敷きに、教育体制と内容を整えた。

唐津耐恒寮出身者のうち、辰野、曾禰および麻生《あそう》政包《まさかね》が、そして一年遅れて吉《よし》原政道《はらまさみち》が工学寮に入学した。初年度入学者は三十一名だったので、唐津藩出身者の占める割合は少なくなかった。これは、工学寮の創設事務を担当した林董《はやしただす》が高橋是清と同門である上、唐津耐恒寮に赴任する予定もあったことと関係しているようである。

当初、工学寮の学生は、官費入寮生と通学生の二種に分けられていたのだが、辰野は実は最初の試験では官費入寮生に漏れて通学生となり、十月におこなわれた二度目の試験でなんとか官費入寮生となることができた。しかもその成績は三十一人中の最下位であった。最下位といっても、実は四百人の受験者の中を勝ち抜いているのでたいしたものなのだが、成績順位は在校中常につきまとったものなので、辰野の心に重くのしかかっていたことだろう。辰野はたびたび、長男隆《ゆたか》に「俺は頭が良くない。だから人が一する時は二倍、二する時は四倍必ず努力してきた」と語ったという。この辰野が、後には造家学を首席で卒業することになるのである。

工部大学校第一期卒業生　右から今田清之進、森省吉、小花冬吉、曾禰達蔵、石橋絢彦、辰野金吾、杉山輯吉、片山東熊、岸眞次郎、佐立七次郎／『旧工部大学校史料』

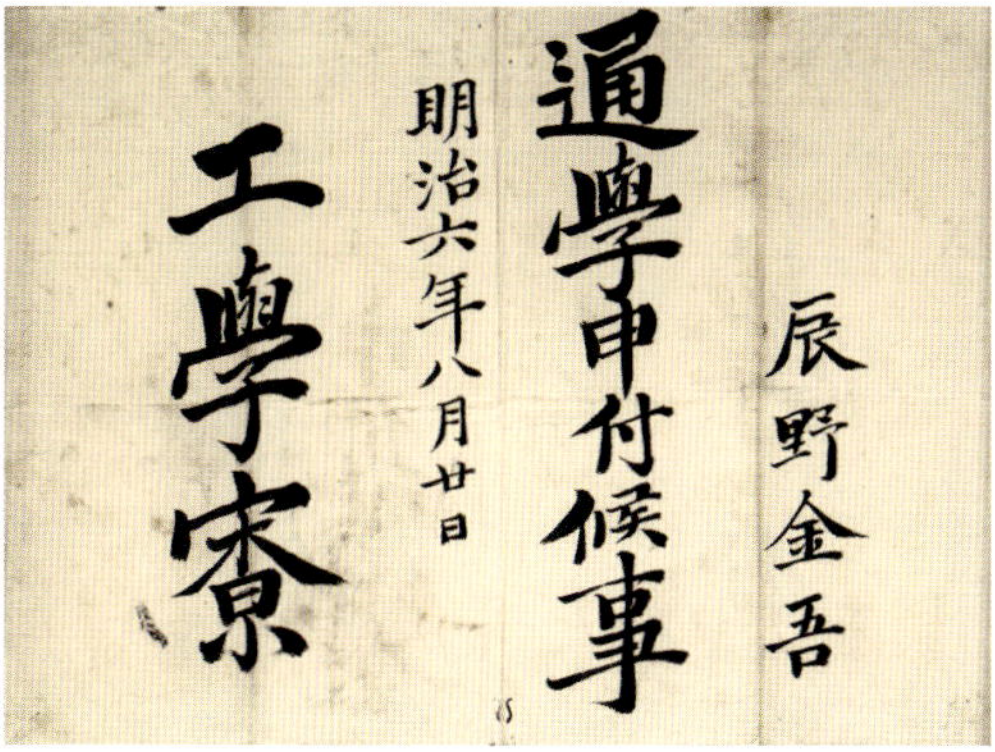

工学寮通学申付書
東京大学大学院工学系研究科建築学専攻蔵

工学寮には、専門科として土木、機械、造家、電信、科学、冶金、鉱山の七科が置かれた。建築学は、工学寮・工部大学校においては「造家学」という名称であった。専門を選択するのは二年間の予科を終えた後である。辰野は、元々は造船学を志したものの、当初は学科が置かれなかったため、造船学の講義を含む機械学を選択したという。世界と繋がる唯一の交通手段であった船に目を向けたあたりに、辰野の実利主義的な面が見える。しかし教師とそりが合わなかったことにより、一念発起して造家学に専門を変えることとなった。造家学は、積極的に選び取られたわけではなかったのだった。この経緯は、辰野の人生に影を落としたはずである。少なくとも芸術をやりたくて建築を選んだのではなかったのは明らかである。世界との具体的な繋がりを学問に求めようとしたこの時点での辰野にとって、建築は芸術ではなく、工学そのものであった。

さらに、この造家学にも問題があった。造家学には、専任教師が充てられていなかったのである。これは、工学寮がモデルとしたイギリスの工学教育機関に、建築を専門とする学科が含まれていなかったことと関係している。工学寮に造家学が置かれたのは、都検（教頭職）のヘンリー・ダイヤーが、工学寮の教育組織を構想するに当たって参照したスイスのチューリッヒ職業大学校に建築学の学科が含まれていたためのようで、いわば造家学は鬼っ子の如き存在であった。そんな学問分野に、辰野は自らを投じたのだった。

造家学の同級生には、在学中に死去した宮傳次郎を除くと、曾禰達蔵、片山東《かたやまとう》熊《くま》（一八五三〜一九一七）、佐立七次郎《さたちしちじろう》（一八五六〜一九二二）がいた。彼らが最初の日本人建築家として巣立っていくことになる。片山は長州藩出身で、奇兵隊に所属して転戦した経歴を持ち、山縣有朋《やまがたありとも》と懇意であった。同藩の曾禰もそうであったが、すでに国家との直接的な繋がりを有していた彼らに比して、辰野は何も持たなかった。それだけになお、学問にかける情熱に人一倍のものがあったことは想像に難くない。

コンドルと辰野

造家学に専任教師が着任したのは、明治十年一月である。六年間の課程中の四年目後半に当たる。その教師は、鹿鳴館を始め幾多の名建築を日本に残すことになるイギリス人建築家ジョサイア・コンドル（一八五二〜一九二〇）である。ロンドン大学とサウス・ケンジントン美術学校で建築学を学び、来日前に新人建築家の登龍門であるソーン賞を獲得した、将来を嘱望された若手の建築家であった。コンドルは材料、構造、施工といった工学的側面から、東西の建築様式やステンドグラスなどの建築装飾技法に至る芸術的側面にまで通じた、総合的な建築教育をおこないうる人物で、辰野たちはここで初めて体系的な西洋建築の教育を享受することとなった。

しかし、辰野らがコンドルに学んだ時期は、わずか二年半であった。この期間が長いか短いか。どうも、辰野にとっては、これまで言われてきたほどコンドルからの強い影響を受けていないのではないかと思われる節がある。例えば、卒業論文と卒業設計にコンドルが付けたコメントでは、辰野は中庸の評価しかなされ

和服姿のコンドル／東京大学大学院工学系研究科建築学専攻蔵

曾禰達蔵／『建築雑誌』六三五号

志田林三郎／多久市郷土資料館蔵

ておらず、曾禰への絶賛とは対照的であった。にもかかわらず、造家学の首席卒業者は辰野であった。辰野が首席を勝ち得たのは、実のところ、六年間の修学の総合的結果に依るものであり、端的に言って工学的側面における好成績ゆえであった。おそらくこの時点での辰野は、コンドルからの影響をそれほどは受けていなかっただろう。

明治十二年十一月八日に造家学を首席で卒業した辰野は、工部大学校で教鞭をとるべく教育方法を学ぶことを目的に、他学科の卒業生十名とともに欧州への官費留学を命ぜられた。同行者には、佐賀藩多久領出身の俊英、電気工学者志田林《しだりん》三郎《ざぶろう》もいた。

出発を前に、鳥羽秀子と結婚した。夫妻には三男一女が授かった。長男隆が著名なフランス文学者に育ったことに、辰野のヨーロッパへの想いのほどがうかがえよう。

欧州留学

欧州では、イギリスに二年滞在し、その後一年間をかけてフランスとイタリアを巡り、明治十六年に帰国した。日本に本格的な西洋建築がほとんどなかった時代である。そして、工部大学校においてコンドルから教育を受けたといっても、あくまでも一人の教師からの情報であった。この三年間に欧州で見聞したことこそが、辰野の根源的な建築体験であったはずである。しかし、欧州での活動は、断片的にしか情報が伝えられておらず、これまであまり言及されてこなかった。辰野の原点、さらにいえば日本の建築界の原点とも言うべき体験が、ほとんど知られていなかったわけである。この情報の深い欠落を埋めてくれるのが、近年その現存が確認された『辰野金吾滞欧野帳』（以下、『滞欧野帳』）である。

まず二年間を過ごしたイギリスでは、大学等での修学と、施工会社および建築設計事務所での実務経験とを並行して積んでいった。建築学については、ロンドン大学およびロイヤル・アカデミー・オブ・アーツで修学している。これは建築学を学び直すというよりは、留学の主目的である日本での建築教育の参考とするための教員研修というべきものであったと思われる。ロンドン大学では、コンドルの従兄であるトーマス・ロジャー・スミスの講義を受けている。帰国後に工部大学校や帝国大学で辰野が課した試験問題が、ロンドン大学におけるロジャー・スミスの出題と酷似しており、その影響は明らかである。

建築の実務は、施工をキュービット建築会社で、設計を建築家ウィリアム・バージェスの事務所で経験した。『滞欧野帳』第一巻には、イギリス時代の後半、明治十四年一月～同年五月までが記載されており、バージェスの事務所に勤務していた間に当たっている。辰野は後に、「美術建築家」の概念、美術家との共同、建築家としての心構えなど、バージェスからの教えをたびたび語っているが、それらは辰野の建築観の根幹に関わるものばかりである。コンドルよりもバージェスこそが、辰野の師というべき建築家であったと思われるゆえんである。

イギリスでの修学に続く明治十五年五月～十六年五月の間、フランスとイタリアを周遊し、見聞を広めている。十八、十九世紀には、美術家や建築家をはじめ

『辰野金吾滞欧野帳』

とする多くの人々がヨーロッパ各地を訪ね見聞を広める旅、グランド・ツアーをおこなった。辰野のこの旅は、日本人建築家最初のグランド・ツアーであった。これもまた、実態がほとんど知られていなかったものである。第二章で詳しく語るが、ここにも辰野の建築思想を形成する上での重要な体験が多々あった。

フランスでは、ゴシック様式のカテドラルを中心に旅している。これは師バージェスがかつて辿った旅程と重なり、また師を同じくするコンドルも同様の箇所を旅していた。各都市では、記念碑的な建物だけでなく、市井の住宅や商業建築にも目を配っていた。西洋建築の中でも、特に木造住宅が注目されているのは興味深い。

辰野とイタリアの関係はこれまでほとんど語られてこなかったことであるが、イタリアの旅も辰野に深い印象をもたらしたようである。イタリアでは十六世紀の建築家パッラーディオの作品などに心を奪われたようである。また、滞在中に松岡壽《まつおかひさし》、長沼守敬《ながぬまもりよし》といった日本人美術家と交遊していたことも、彼の人生において大きな意味を持った。彼らとの交流は、明治美術会や明治美術学校校長などの活動へと展開していく。辰野は建築と美術の関係を終生考え続けていくが、これはバージェスからの教えとともに、このイタリア体験にも源がある。

教育者として

欧州から戻った辰野は、工部省勤務を経て、一年後の明治十七年、契約期限の切れたコンドルの後任として、工部大学校教授に就いた。明治十八年の工部省廃省にともない、工部大学校が文部省管轄の東京大学工芸学部と併合され、翌十九年に帝国大学工科大学として改組されると、改めて造家学科教授に任ぜられ、以降、明治三十五年までの間、日本の建築学教育の中核を担っていく。

辰野は、日本の建築学の中に、いくつかのオリジナルな視点を持ち込んだ。一つは、「美術建築」の概念である。辰野がイギリスから持ち帰った経験を元に本格的な建築教育を開始した帝国大学工科大学教授就任以降の十五年間の教え子には、伊東忠太（明治二十五年卒）、塚本靖、長野宇平治（明治二十六年卒）、大澤三之助、遠藤於菟、野口孫一、矢橋賢吉（明治二十七年卒）、関野貞（明治二十八年卒）、武田五一、松室重光、森山松之助（明治三十年卒）らがいる。日本の建築家の第二世代と言われる彼らは、例外なく図面表現や図案設計に優れ、設計作品も装飾豊かである。建築における美術的側面の教育を重視した辰野の教育の賜物だろう。

辰野が弟子たちに植え付けた「美術建築」の概念は、バージェスに学んだものに他ならない。第二章に詳しく述べるように、バージェスは自らを Art-Architect（美術建築家）と称していた。辰野の弟子たちのこうした活動を見れば、辰野のバージェスへの心酔のほどが偲ばれよう。

二つ目は、日本建築学の研究が開始されたことである。これも実はバージェスからの示唆に端を発している。ある日辰野は、バージェスから日本固有の建築についで問われたものの、全く知識を持っていなかったため、まず母国の建築について知らねばならぬと諭されたという。帰国後の明治二十二年、辰野は、御所大工家の惣領であった木子清敬《きごきよよし》を招き、帝国大学工科大学に日本建築学の講義を開講した。日本建築学は、伊東忠太《いとうちゅうた》らによって建築の歴史研究と、歴史的様式を復興した和風建築へと展開していく。

三つ目は、耐震建築学の創始で、これは明治二十四年に起こった濃尾地震などを契機とする。辰野は常に日本の風土に適した建築の在り方を模索しており、卒業論文の段階から地震対策を意識していた。濃尾地震が起こったのは、辰野の初期の代表作である《日本銀行本店》の建設の最中であった。学生を総動員して被災調査に当たった辰野は、その成果を活かして大学内に煉瓦造の耐震家屋を建てたり、日銀の建築自体にも軽量化をはかって耐震性を確保するなど、耐震建築学への道筋を付けていった。

つまり、日本独自の建築学は、ほぼ辰野によって造形されたといっても過言ではない。コンドルを日本建築界の母とするなら、辰野の圧倒的な貢献は、父とするに相応しい。

また、建築家教育だけでなく、彼らを補佐する中堅技術者教育のための工手学校の設立と運営にも深く関与した。明治二十一年に開校した工手学校は、帝国大学総長渡辺洪基《わたなべこうき》の発案を辰野が工学会に諮って実現したもので、辰野はその造家学科の教務主任を長く務めた。

辰野の功績は、アカデミックな場の形成だけに留まらない。明治十九年に辰野が中心となって造家学会（現在の日本建築学会）を立ち上げるのだが、ここには大学卒の学士だけでなく、彼らを補佐する中堅技術者たちや施工業者たちも准員

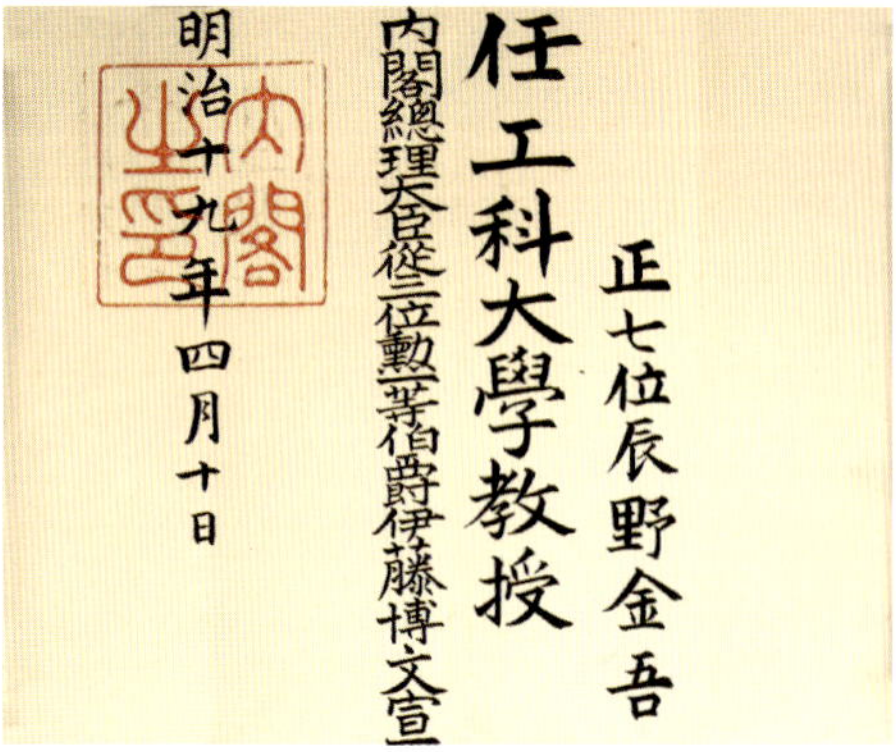
正七位辰野金吾
任工科大學教授
内閣總理大臣從二位勲一等伯爵伊藤博文宣
明治十九年四月十日

任工科大学教授辞令
東京大学大学院工学系研究科建築学専攻蔵

として加わり、設計者、技術者、施工者の三位一体からなる建築界を作り上げたのである。

日本の建築界を生んだ父として、順風満帆の人生のようにも見えるが、ここには大きな欠落があることも指摘しておかねばならない。官庁営繕への影響力の弱さである。辰野が作り上げた建築界は、帝国大学造家学科の力の及ぶ範囲と、民間建築家の世界に限られるものであった。

辰野はその経歴の中で二度、大学教授としての官の地位を捨てて下野している。明治十九年の工部大学校閉校時の依願退職、そして明治三十五年における東京帝国大学工科大学教授辞任である。いずれの際にも、自営建築事務所を立ち上げている。この下野については、イギリスでの経験によって培われた自営建築事務所を立ち上げるという夢の実現、と指摘されてきた。しかし、少し奇妙な経歴といえないだろうか。まるで官の地位を捨てて逃げ去るかに見える経歴である。これはむしろ工学の分野における建築学の立場、あるいは工部大学校という学校の立場の弱さを実感させられた辰野の挫折の結果だったように思われる。

工部大学校は、この時点で唯一の工学教育機関だったわけではなかった。文部省管轄の高等教育機関である東京大学においても、理学部の中ではあるが工学教育がおこなわれていたのである。工部大学校は、帝国大学発足を前に、この東京大学に吸収合併された弱者であった。帝国大学発足後、工科大学長には東京大学出身の土木工学者古市公威《ふるいちきみたけ》が就き、辰野が後を受け継いだものの、辰野以降は再び東京大学出身者に委ねられた。辰野の行動には、常に東京大学に対する工部大学校の立場の弱さがつきまとうのであった。

建築家として

教育者として工部大学校および帝国大学造家学科の屋台骨を背負いつつ、辰野は建築家としても数多くの建築物の設計と施工監督を務めた。建築家としての辰野は、上手なデザイナーであったとは言い難い面がある。『滞欧野帳』を見れば、絵がうまいとは言えないこともすぐわかってしまう。その建築も、比例や装飾表現に飛び抜けたセンスが感じられるわけでもない。しかし、いずれの建築も辰野の人格がにじみ出るような独自性にあふれている。華やかだけれども、手堅くもある。相反する性格が同居しているのである。そこが今日に至っても多くの人から愛される理由なのだろう。

建築家としての活動は、明治三十五年を境に二つの時期に区分される。前期は大学教授兼工部省技師および日本銀行建築顧問としての活動、後期は自営建築家としての活動である。

前期の建築では、欧州留学で学んできた建築様式が多種多様に展開されている。全体に、古典主義様式が多く用いられ、師のバージェスやコンドルが好んだゴシック様式への志向とは異なる好みが感じられる。その中でも、初期の作品、例えば処女作の《銀行集会所》や兜町の《渋澤栄一邸》には、イギリスというよりもイタリアへの愛着が見られるように思われる。これは何を意味しているのだろうか。第二章で論じていきたい。

辰野金吾（欧米視察旅行時）
『工学博士辰野金吾伝』

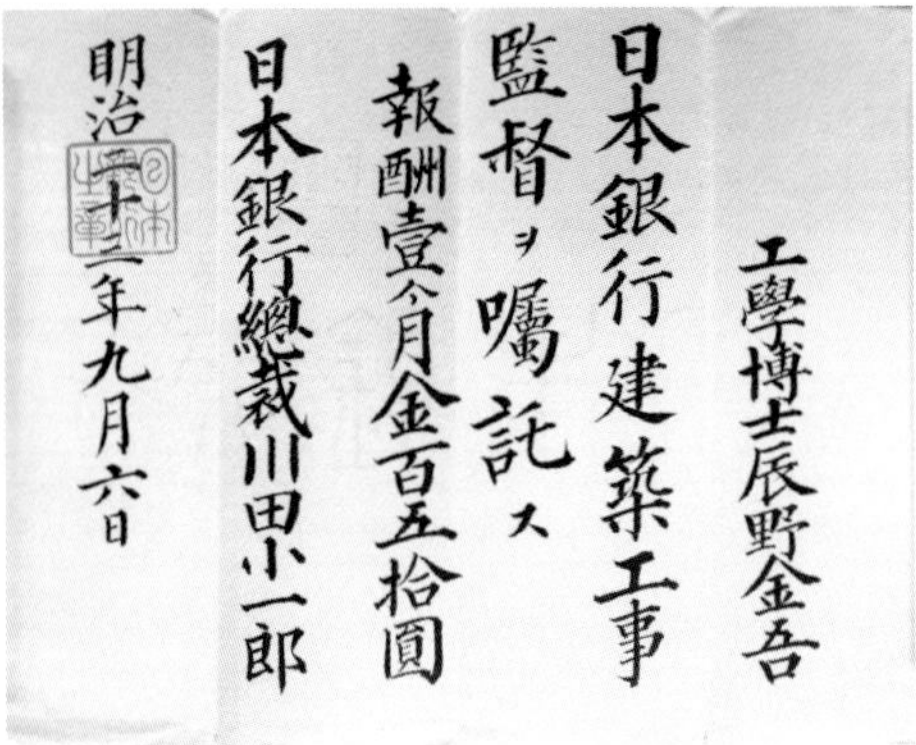

工學博士辰野金吾
日本銀行建築工事
監督ヲ囑託ス
報酬壹个月金百五拾圓
日本銀行總裁川田小一郎
明治二十二年九月六日

日本銀行建築工事監督委任状
東京大学大学院工学系研究科建築学専攻蔵

前期の辰野の活動中の白眉は、明治二十九年竣工の《日本銀行本店本館》である。この建物の設計に当たり、辰野は明治二十一年から一年間におよぶ欧米視察旅行をおこなって案を固めている。厳格な様式表現と入念な施工により、明治を代表する西洋建築が日本に誕生した。とはいえ、その前に立つと、一種、冷たさや堅さを感じずにはいられない。国家の表象ともいうべき建築にかける辰野の気魄がそのまま建築になったかのようである。

明治三十五年に東京帝国大学工科大学教授の職を辞してから、後期の辰野が始まる。明治三十六年に東京に後輩の葛西萬司《かさいまんじ》とともに辰野葛西建築事務所を、明治三十八年に大阪に片岡安《かたおかやすし》と辰野片岡建築事務所を立ち上げ、それぞれ東西日本を担当して二百棟を越える膨大な数の建築を手がけた。これ以降、赤煉瓦に白色のストライプが入り、賑やかなスカイラインに特徴のある「辰野式」の建築表現が登場する。《東京駅》に代表される、あの赤煉瓦建築である。イギリスの都市建築流の華やかさを持ちつつも、古典主義系のルネサンス様式の持つ威厳を残し、辰野独特の手法を示したこの表現は、多くの追随者を生み、明治後期から大正期の代表的な建築表現となった。

辰野の建築が多くの人に愛されるようになった現在、この「辰野式」という呼び名は違和感がなく受け止められるようになっている。しかし、西洋の様式建築の意匠に「辰野式」のような個人名が付くことは珍しい。「辰野式」とは何か。第三章で詳しく述べていきたい。

さて、辰野は終生、東京に三つの重要な建築を自らの設計で建てるという夢を

妻木頼黄／『建築雑誌』三五八号

周囲に語り続けたという。《日本銀行本店》《東京駅》、そして《国会議事堂》の三棟である。前二者は設計を手がけることができたが、当時「議院建築」と呼ばれた《国会議事堂》は存命中に建設されることがなかった。議事堂の建築は、大蔵省臨時建築部技師であった妻木頼黄《つまきよりなか》を中心に、明治三十年代から設計案が練られ始めた。妻木は、旗本の長男として江戸に生まれ、辰野の五期後に工部大学校に入学したものの、中退して渡米し、コーネル大学で建築を学び、学士号を得、帰国後は官庁営繕の中心人物となった建築家である。妻木らの設計着手を知った辰野は、東京帝国大学出身の弟子たちを総動員し、設計競技の開催を主張する一大キャンペーンを張った。日本にはすでに優れた建築家が育っており、広く民間建築家にも案を募るべき、というのが辰野の主張であったが、妻木の側からも、建築界の指導者である辰野や妻木が審査員の側にいるため、応募者が一流とは言えない、といった反論が出され、結果、設計競技案は一旦退けられた。しかし、大正五年に妻木が没したため、大正七年、辰野は設計競技の実施に漕ぎ着けたのであった。ただし、辰野も続いて世を去り、自身が議事堂の建築を手がけることはなかった。設計は結局、設計競技の一等案を基にしつつも、臨時議院建築局の手によって実施された。

ここには、宿敵妻木率いる政府営繕組織対東京帝国大学建築学科という建築界における対立の構図があるわけだが、同時に辰野が主導したグループの立場の弱さも見えることに注意が必要である。東京帝国大学を中心とする集団でありながら、それは基本的に民の建築家集団というべきものだったのである。辰野の経歴

《日本銀行本店》

《東京駅》

は、民の建築家への志向を示しているので、一見、違和感なく理解できることのように思われがちであるが、その立場の弱さを鑑みるに、それが必ずしも辰野の本来の望みとは異なり、否応なく押しやられた結果の立場であったようにも思われるのである。

辰野金吾／『工学博士辰野金吾伝』

晩年の辰野

大正八年三月二十五日、辰野は永遠の眠りについた。晩年、長男の隆に気に入った建物を聞かれた辰野は、「一つもない。俺は一生懸命やったがダメだったなあ」と言ったという。それでもある日、夢の中で満足のいく建物に辿り着き、「縦から見ても横から見てもよし」と語ったともいう。生来の性情とは必ずしも合致しない建築学との格闘の人生が、ここに滲み出ているように思う。

辰野の晩年は、建築界において後のモダニズムへと展開していく新たな思潮が誕生した時期と重なっている。辰野の退場と軌を一にして、建築の新しい表現が始まっていった。まるで辰野という箍が外れたかのように。けれどもそれは辰野が押さえつけていたことからの解放であるだけでなく、辰野が蒔いた種の開花でもあったのである。

階段を駆け上がる人生でありながら、ところどころに挫折がある。この辰野の人生の中で、日本の建築界は作り上げられてきたものであった。この辰野の人生とともに、日本の建築界は一から読み直されるべきものであるように思われる。

次章以降では、辰野の人生の中から、二つのテーマを抽出して詳しく踏み込んでいきたい。一つは工部大学校卒業後の初めての欧州体験、そしてもう一つは建築活動の後期に展開された「辰野式」建築である。

〈清水重敦〉

辰野金吾（工部大学校卒業直後）
『工学博士辰野金吾伝』

第二章　欧州体験と「美術建築」

建築家辰野金吾の原点といえば、一般的には工部大学校における建築修学が挙げられるだろう。日本における近代建築の歴史は、必ずここから始められる。もちろん、これに異論はない。しかし、工部大学校卒業後の欧州留学時の生の声を聞くことができる『滞欧野帳』が再び目の前に表れた今、この見方には修正が必要だと思われる。欧州留学における体験こそが、辰野の建築観を、ひいては日本の建築界を作り上げる原点となったものだったのではないだろうか。『滞欧野帳』に即しながら、辰野の最初の欧州体験の実相とその意味を、「美術建築」、「グランド・ツアー」をキーワードに繙いていこう。

出発点としての卒業論文

第一章「生涯」で述べたように、辰野は修学をはじめた当初から建築を志したわけではなかった。初め造船学を志したけれども、一念発起して造家学を専門とした。だから、学生時代の辰野にとって、建築はあくまでも工学への興味の延長から選ばれたものであった。しかし、建築は工学的な側面だけでは完全ではなく、

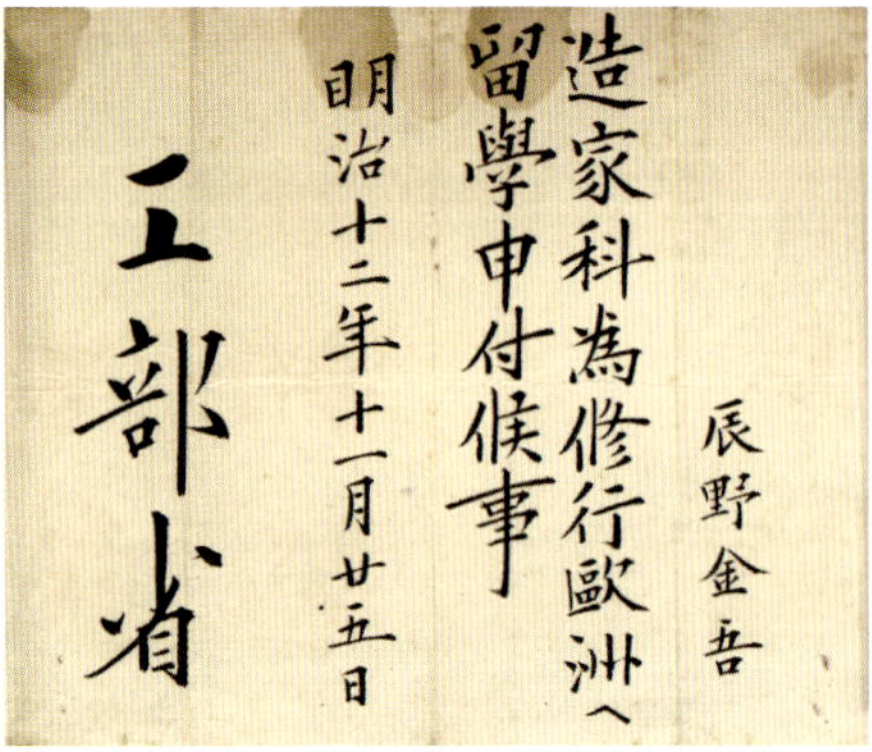
辰野金吾
造家科為修行歐洲へ
留學申付候事
明治十二年十一月廿五日
工部省

欧州留学申付書
東京大学大学院工学系研究科建築学専攻蔵

当然、芸術的な側面が必要である。明治十年一月に工部大学校の造家学専任教師としてイギリス人建築家ジョサイア・コンドルが赴任してから二年半の間、辰野は芸術的側面を含んだ体系的な建築学を学んだと言われてきた。が、辰野はどのぐらい理解することができたのだろうか。それは彼の卒業論文と、それに対するコンドルの講評から推察できる。

明治十二年（一八七九）、辰野は工部大学校において卒業設計と卒業論文に着手する。今日では学生自身が主題を見つけて卒業論文を執筆するのが常だが、辰野他四人の造家学第一期生は、コンドルが課した主題で卒業論文を執筆した。それは〝Thesis on the future domestic architecture in Japan（日本の将来の住宅建築についての論文）〟というもので、工部大学校での授業が英語でおこなわれていたのと同様に、論文課題も英語で出題され、彼らは英語で執筆した。

卒業論文は東京大学に現存しており、そこにはコンドルの講評が書きこまれている。

「……さまざまな気候や地形など、わが国はイタリアに非常に似ており、私はイタリア建築を、わが国将来の建築のよい参考にしたい」と考えて執筆した曾禰達蔵の卒業論文に対し、コンドルは、

> 細心の注意と深い考察によって周到に書かれた論文である。日本の将来の様式についての提言を導くための実際的な問題も、また芸術的な問題も、よく考えられており、みごとな結論に到達しているところもある。

と評した。一方、辰野の卒業論文に対しコンドルは、次のように述べている。

論文の整理はよくできており、曾禰君のものに大変似ております。地震の考察のようなところは、大変注意深く、かつ上手に数学的に扱われています。論者は、将来の装飾あるいは様式という点をよく考えていますが、しかし、これといった結論あるいは提言に至っておりません。提案の中でも、実地上の部分は実に不足なく完璧です。それらの点は申し分ありません。

コンドルが「将来の装飾あるいは様式という点をよく考えていますが、しかし、これといった結論あるいは提言に至っておりません」と述べていることからすると、辰野は曾禰ほどには建築の芸術的側面を具体的に論じていないと評価されたのである。

首席卒業者という言葉から連想される、順風満帆な未来を約束された輝かしい栄誉を授かった者という印象とは裏腹に、この時点での辰野は「日本の将来の住宅建築」のみならず、日本の将来の建築における「装飾あるいは様式」について、明確なビジョンを持ち得ていなかったと考えられる。それゆえ、今後、具体的に「結論あるいは提言」をしていかなければならない責務を重く認識したことだろう。欧州留学は、卒業論文に端を発する課題に対して自分なりの回答を探す旅であった。

建築家バージェスから学んだこと——旅、美術家との共同

明治十三年二月八日、辰野は十名の他学科の首席卒業者と共にイギリスに向けて横浜を発ち、三月二十三日にロンドンに到着した。ロンドン大学およびロイヤル・アカデミー・オブ・アーツで建築学を修学して将来の教育者としての教養を積む一方、コンドルの従兄でロンドン大学教授のトーマス・ロジャー・スミスの紹介によりキュービット建築会社で施工を経験した。そして自らアート・アーキテクト、すなわち美術建築家を標榜していたウィリアム・バージェスから設計を学んだ。辰野はバージェスから、建築家としての哲学に関し多大な影響を受けたのである。とりわけ重要なことは、旅をすること、そして美術家と共同しながら建築に関わっていくという姿勢である。

美術建築家

美術建築家（アート・アーキテクト）とはバージェスの時代における一つの建築家像である。バージェスが活躍した時代は、ヴィクトリア女王の治世（一八三七～一九〇一年）で、イギリスが産業革命による高度経済成長期を迎え、帝国としてまさに絶頂期に達した時代である。世界に先駆けて起こった産業革命による恩恵、そしてさらなる展望は、一八五一年に世界ではじめて開催されたロンドン万国博覧会で披露された。ロンドン万博はヴィクトリア女王の夫アルバート公が推進し、そのブレーンの一人に建築家マシウ・ディグビイ・ワイアットがいた。

バージェスが所員として就職した事務所の所長である。

　バージェスはワイアットを通じて工芸、つまり美術的なものと、工業の融合の可能性を知り、一八六四年には美術協会（Society of Arts）において、連続講座「工業に応用されたる美術（Art Applied to Industry）」をおこない、翌年には同名の書籍を出版した。工学的なものと手業による美術的なものとの融合を積極的に示唆している。こうした考えはバージェスが手掛けた建築、家具、調度品などに色濃く反映されている。

　手業による精巧な仕事に対する敬意は、機械の発展による産業革命の恩恵を受けた時代の中にあって、いやそうした時代だからこそ生まれてきた側面もあろう。それはイギリスという国の姿を象徴する多くの建築を手掛けた、中世の名も無き職人たちによる手仕事に対する畏敬の念にも通じるものだった。

　十九世紀のイギリス建築界においては、オーガスタス・ウェルビー・ノースモア・ピュージン（一八一二〜一八五三）が中心となって、ゴシック様式のリヴァイヴァル（復興主義）思潮が優勢となり、ネオ・ゴシック様式の建物が建てられた。こうした謂わば中世礼賛の思潮のなかで、ジョン・ラスキン（一八一九〜一九〇〇）は『ヴェネツィアの石』を執筆し、中世の名も無き職人たちによる手仕事に対して賛辞を贈る。やがて、ラスキンの思想に影響されてウィリアム・モリス（一八三四〜一八九六）は、十九世紀中葉以降、生活と芸術が堅く結びついていた中世の手仕事に価値をおく、アーツ・アンド・クラフツ運動を展開させていく。バージェスはこうした時代において活躍した建築家である。

ウィリアム・バージェス／RIBA Library Photographs Collection

バージェス自身も自ら中世主義者を名乗り、その建築も中世の香りがするネオ・ゴシック様式である。ゴシックの時代に職人たちが美しい装飾と一体となった建築を生み出したように、バージェスも豊かな装飾を施した建築をデザインし、その制作を画家や彫刻家らの力を援用することによって完成させている。しかし時代は、中世ではなく、それぞれの専門性に重きが置かれた近代であり、共同した者たちも名をなす美術家たちである。

既に建築にはより一層、工学的な技術が使われ、また望まれるようになった時代であったけれども、意匠に関しては、歴史的な様式に倣って設計する歴史主義建築花盛りの時代であった。この時代にあって、建築は人の手が作り出す精度の高い美術的な装飾が施されることによって完璧なものとみなされた。従って、建築は建築家一人の手になるものではなく、画家や彫刻家らによる装飾が施される必要がある。両者は主従の関係にあるのではなく、手に手を携えるべき間柄なのである。実際、バージェスの作品は建築のみならず、家具・調度品もさまざまな画家や彫刻家との共同によって完成されている。

バージェスの代表的な建築である《カーディフ城》は全体が精巧かつ色彩豊かな装飾に満ちている。とりわけ時計塔内に設えられた夏季喫煙室の装飾は観る者を圧倒するほどである。室内中央に下がるシャンデリアの蠟燭を手に立つ金色の少年像は、ケンジントン公園に立つアルバート公記念碑擬人像、ソールスベリーおよびグロースター大聖堂の聖人像を手掛けた、ヴィクトリアン・ゴシック彫刻を代表するジェームス・フランク・レッドファーン（一八三八〜一八七六）が、壁面の絵画はバージェスの建築チーム・メンバーとして頻繁に活躍したオラティオ・ウォーター・ロンスダール（一八四四～一九一九）とフレッド・ウィークス（一八五四～一八九三）が手掛けた。

家具に関しても同様である。ヴィクトリア・アンド・アルバート美術館に所蔵されているバージェスがデザインしたキャビネット（一八五八年）の表面全体には、フレデリック・レイトンに学び、後にはロイヤル・アカデミー会長になるエドワード・ポインター（一八三六～一九一九）が、イタリア中世を代表するダンテの姿を描いている。金地を背にして机に向かうダンテ像は観る者を中世に誘う。

また、ナイトヘイズ・コート所蔵の書棚にも表面全体に、ゴシック様式の教会や、そこに置かれている祭壇画を彷彿させる装飾が施されている。手掛けたのはポインターと、ラファエル前派を代表する画家のダンテ・ゲイブリエル・ロセッティ（一八二八～一八八二）、そして彼を慕ってラファエル前派の活動に加わったエドワード・バーン・ジョーンズ（一八三三～一八九八）で、壁龕を模した八つのへこみにはゴシック時代を彷彿させる色彩使いによって聖人たちが描かれている。書籍を並べて保管するという書棚本来の機能性よりも、むしろ表面に施された精巧な絵画による装飾が非常に際立っている。バージェスの作品は、決して機能だけで満足することのない、美術的にも質の高い装飾が十二分に施されている。まさに美術建築家ならではの作品と言えるだろう。

工学への興味の延長から建築を専門とした辰野であったが、画家や彫刻家との共同による建築や家具・調度品などを手掛けてきたバージェスの下で研修を受けながら、建築家と美術家との共同の必要性を大いに感じただろう。卒業論文を端緒として常に意識されることになった、日本の将来の建築における装飾あるいは様式をいかに形成していくかという問題への一つの答えを、辰野はここに見たはずである。

「美術建築家は旅をすべきである」

美術建築家を自認していたバージェスは次のように述べている。

全ての建築家、とりわけ美術建築家は旅をすべきである。各々の時代において、さまざまな人々が、どれだけ多種多様な美術上の問題を解決してきたかということを理解することが、美術建築家には絶対的に必要であるから

一八四九年にワイアット事務所の所員になったバージェスは、亡くなる二年前の一八七九年まで、イギリス国内はもちろんのこと、何度もドーヴァー海峡を渡ってフランスに赴き、各地の建築を歴訪した。彼の関心の中心は当然のことながらゴシック様式の建築で、フランスでは有名なゴシック様式の大聖堂がある都市を何度も訪ねている。ルーアンとアミアンへは四回、シャロン、トゥール、シャルトルへは二回訪問し、各地の大聖堂を見ている。世界最大の大聖堂を目指して建造開始されたけれども、今日にいたっても未完成のままの聖堂があるボーヴェへ十一回も訪れているのは興味深い。またブロワ、アンボワーズ、オルレア

《カーディフ城》

《カーディフ城》夏季喫煙室

ウィリアム・バージェスがデザインしたキャビネット

ンなど、中世以来の街並みと、ルネサンス期に建てられた著名な古城が残る地も訪れている。バージェスは机上の学問だけでなく、脚を使って建築を見て学ぶことが旅の醍醐味であり、それこそが美術建築家に必要なことであると、経験を踏まえて伝えているのである。

旅をすることによって教養を積むという考えは、イギリスにおいてはグランド・ツアーの伝統に由来する。グランド・ツアーは十七世紀末に始まり、十八世紀にイギリスの良家の子弟の教育を目的としておこなわれた、数ヶ月から数年間にも及ぶヨーロッパ大陸への大旅行のことである。パリなどの主要な都市の名所旧跡を訪問するのだが、古典的な教養の習得を目的としたグランド・ツアーの最終的な行き先は、古代ローマの遺跡が残り、さらにそれを再生させルネサンス文化が花開いたイタリアで、その究極の目的地は永遠の都、ローマであった。

グランド・ツアーはイギリス人だけの間でおこなわれたものでない。旅を可能とする経済的な基盤があり、ローマに在住しない、あらゆる人々――イタリア半島に住む人々も――が古典的な教養を身につけるべくローマに向かった。

フランスにおいてゴシック様式建築を多数見て廻った一八五三年の同じ年に、古代ローマの遺跡が多数残るアヴィニヨン、カルカッソンヌ、アルル、ニームなどの南仏を訪れ、次いでジェノヴァからローマへ到る。ローマ滞在はバージェスの精神に訴えるものは何もなかったと吐露している。けれども、バージェスは決して偏狭な中世主義者ではなく、古代ローマ文化やルネサンス文化の遺産も実見した上で、自らの進む道を選び取ったことが旅の足跡からわかる。

こうしたバージェスの姿勢は辰野を大いに刺激しただろう。それはロンドンでの研修を終えた後、当初予定になかったフランス、イタリアへの巡回遊学という形になって結実する。後述するように、辰野が訪問したフランスの都市のほとんど全ては、師匠バージェスが訪問した都市と重なっている。辰野によるこの一年間の旅は、日本人建築家最初のグランド・ツアーであり、その建築思想を形成する上での重要な体験となったのである。

『辰野金吾滞欧野帳』とは

『工学博士辰野金吾伝』には欧州滞在期に辰野が描いた建築関係のスケッチ十枚が掲載されている。同書には、「一八八二年より八三年の間に実地見学中主として仏伊視察の間にスケッチせる建築物写生帳七〇〇図の中より」転載されたものだという但し書きがあるが、「建築物写生帳」そのものは失われたと考えられてきた。しかし近年、この「建築物写生帳」と考えられる『滞欧野帳』四冊の現存が明らかになった。

四冊の『滞欧野帳』は三年間の欧州留学時代全てを網羅したものではない。第一巻はイギリス留学からおよそ一年経った、明治十四年一月二十七日から書き始められている。これ以前の『滞欧野帳』も在ったのではないかと考えられるが、今のところ見出されていない。第一巻はバージェスの事務所において閲覧したバージェスの建築図面の書き写しと所見を記した頁が大半を占めている。建築に関する詳細については、第三章で論じる。

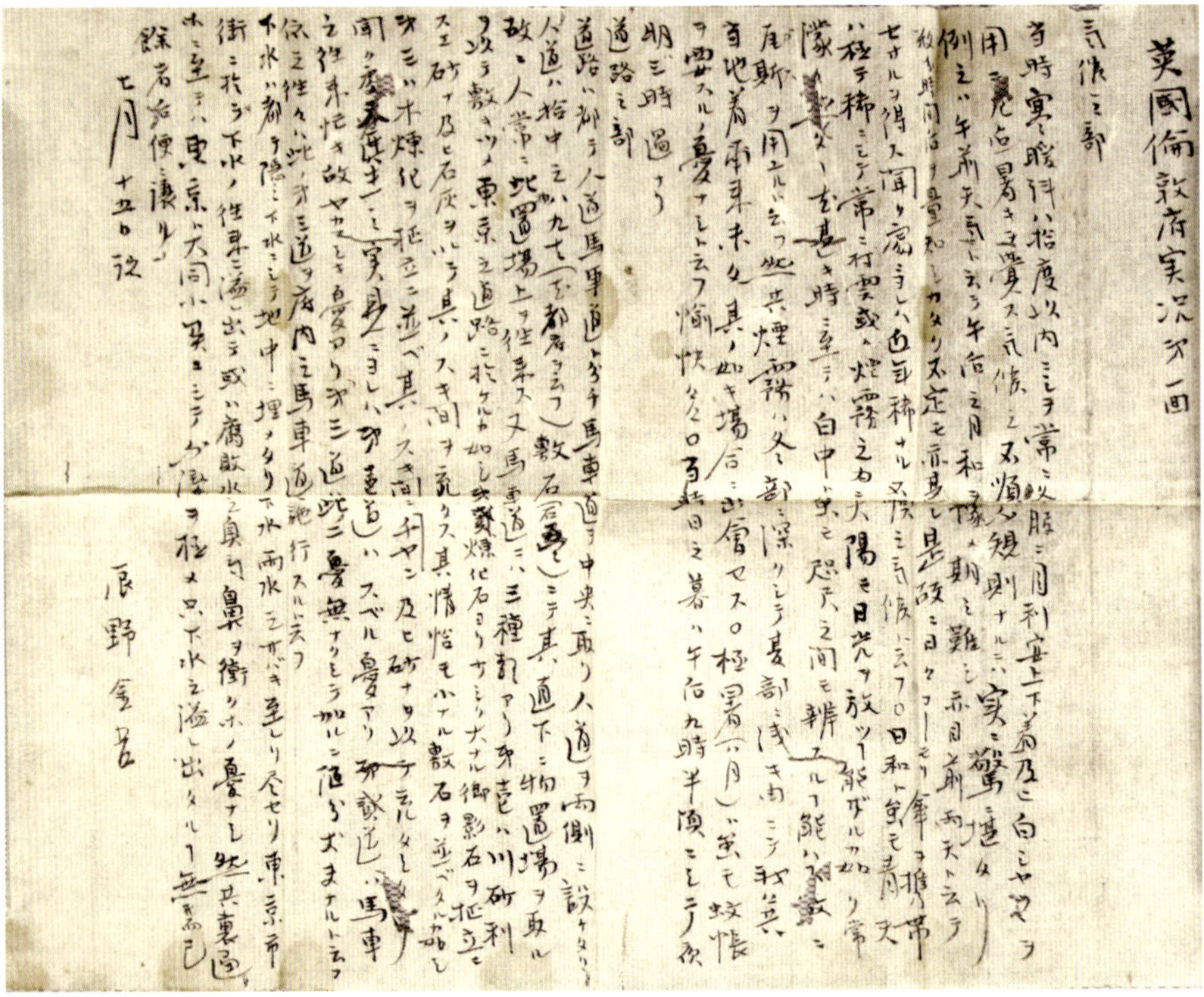
英國倫敦府実況第一面

気候之部

道路之部

七月十五日認

辰野金吾

辰野金吾「英国倫敦府実況」　ロンドン滞在中の筆記資料／東京大学大学院工学系研究科建築学専攻蔵

辰野金吾（イギリス留学時）
『工学博士辰野金吾伝』

第一巻は明治十四年五月二十一日に終わり、第二巻は明治十五年五月九日ルーヴル美術館でのスケッチから始まっており、両者には一年の間隔がある。この期間の『滞欧野帳』も在ったのではないかと想像されるのだが、今のところこれも見出されていない。記された日付から、第二巻から第四巻は継続して書かれたもので、フランスからイタリアへの足跡がわかる。第四巻はヴェネツィア滞在中の見聞録で終わっている。『工学博士辰野金吾伝』掲載の図版や松岡壽の日記から、ヴェネツィア滞在後に、辰野がフィレンツェやローマに滞在したことが知られているけれども、これに関する『滞欧野帳』も今のところ見出されていない。『滞欧野帳』は全て、鉛筆もしくはペンで記されている。使用言語はほとんど全て英語だが、固有名詞は現地語のフランス語やイタリア語の場合もある。僅かだが日本語も使われている。スケッチはほとんどが鉛筆で描かれているが、中には彩色されたものもある。

第一巻から第四巻まで共通して言えることだが、『滞欧野帳』は最初の一枚目から日付順に使われてはいない。辰野が旅を進めて行く中で、気がついたことやスケッチしたいと思ったものに出会うと、すぐさま『滞欧野帳』を取り出し偶然開いた頁に書いたような印象があり、その時々の辰野の意気込みが伝わってくる。正に卒業論文に端を発する、日本の将来にとって参考となる建築の装飾や様式を探すという課題に対する自分なりの答えを模索すべく記された、辰野個人のための覚書なのである。

フランス、イタリアのグランド・ツアーの行程

さて、辰野は明治十五年三月にロンドンでの修学を終えるとすぐさまフランスおよびイタリアへの巡回遊学に旅立ったと漠然と考えられてきた。しかし、日本建築学会図書館所蔵の「辰野文庫」に辰野の出立時期を考えるヒントが含まれている。この中には留学中の辰野が購入した、ロンドンで出版された書籍十冊が含まれており、奥付には購入した日付がペンで記されている。一番新しいのが「一八八二年五月二日」である。イギリスで出版された書籍を外国で購入することもできただろうけれども、やはりイギリスのどこかで購入したと考える方が自然だろう。従って、この時には辰野はまだイギリスにいたと考えられる。そして、「一八八二年五月二日」直後に、ドーヴァー海峡を渡ってフランスに入り、間もなくパリに到着したのだろう。というのも、上述のように、『滞欧野帳』第二巻は明治十五年五月九日付のルーヴル美術館の柱のスケッチから開始されているからである。

『滞欧野帳』第二巻から第四巻までを日付順に整理してみると、辰野が歩んだフランス、イタリアの行程が明確に見えてくる。

第二巻はパリ滞在記である。同地に二ヶ月間近く滞在し、ルーヴル美術館、クリュニー美術館、エコール・デ・ボザール（国立美術学校）に足繁く通っていたことが、その紙数の多さからわかる。エコール・デ・ボザールの図書館で閲覧した書籍によって得た情報を書写し、さまざまな建築の部位をスケッチして所見を

記している。

その後の行程は第三巻に続く。辰野はパリから、ヴェルサイユ、フォンテーヌブローを廻って、オルレアンへ行き、そこからロワール川添いのブロワ、アンボワーズ、シャンボールを見学し、エタンプを経由し、再度ブロワに戻った後に、パリ北西のシャルトル、ルーアンを訪れている。一つの都市に数日間滞在し、宮殿、城、大聖堂、教会などの記念碑的な建築のみならず、市井の建築もつぶさに見て廻り、スケッチを描いている。

ルーアンの滞在記は第四巻に続いている。ルーアンから、アミアン、ラン、ランス、ソワッソンと、ゴシック聖堂で有名なパリ北方の都市を巡回し、それぞれの都市の大聖堂を見学して、九月五日にはパリへ戻っている。それから二十日間は全く記載がない。そして、九月二十五日には南仏のニームにいる。次いで記録はないが、恐らく港湾都市マルセイユから船で、やはりイタリアの港湾都市ジェノヴァへ渡ったのだろう。

というのも、イタリアに入ってすぐのスケッチが十月九日付のジェノヴァのドーリア宮殿だからである。ジェノヴァに下船した正確な日付はわからないが、ドーリア宮殿は船着き場の直ぐ脇にあるので、下船直後にスケッチしたのではないかと思われる。その後、ミラーノへ行き、近郊のパヴィーアのカルトゥジオ会修道院では数枚のスケッチを遺している。そして、ヴェローナに数日間滞在した後、十月三十日にはヴェネツィアにおり、十二月四日まで滞在したことが『滞欧野帳』からわかる。この後、辰野はフィレンツェ、ローマへと南下するのだが、

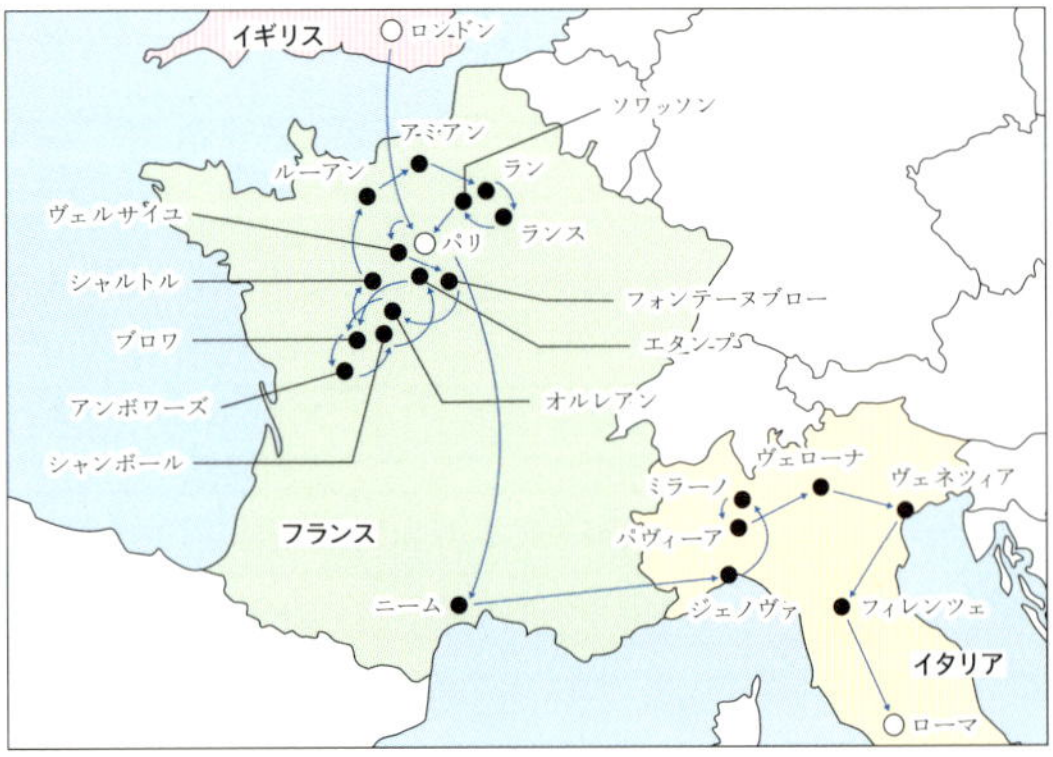

辰野金吾のグランド・ツアー行程図

これについては断片的に知られるのみである。そして、明治十六年五月二十六日に帰国した。

　辰野は、本当に一年間かけてフランス、イタリアを見て廻ったのである。フランス、イタリアを巡回したこの辰野の旅は、ヨーロッパ各地を訪ね見聞を広めるためにおこなった、日本人建築家最初のグランド・ツアーである。日本政府からの資金提供があったにせよ、交通手段もままならない時代において、よくもこれだけの距離を廻ったものだと感服する。近代日本の建築界を背負って立つことになる人物ならではの偉業だろう。このグランド・ツアーにおいて、辰野は何を見て、何を考えたのか。フランス、イタリアの順に見ていこう。

辰野が見たフランス

　フランスでは、シャルトル、ルーアン、アミアン、ランスなど、著名なゴシック様式の大聖堂がそびえる都市を中心に旅し、スケッチを残している。ゴシック様式の建築を実見することはまさに建築家としての教養の範囲ではあるが、これらの都市はいずれもバージェスがかつて訪れた都市である。師匠を同じくするコンドルも来日前に旅をしているが、残るスケッチから判明しているフランス滞在地はルーアンだけである。辰野のフランスへの興味や関心は、やはりバージェスからの影響が強かったと考えてよいだろう。

　各都市では、記念碑的な建物だけでなく、市井の都市建築にも注目している。特に西洋建築の中でも木造住宅が注目されているのは興味深い。『滞欧野帳』には数多くの木造住宅のスケッチが描かれるが、多くは都市名が示されるのみで、実際の建物との対応がつけ難い。そこで筆者らは現地を訪れ、スケッチに描かれる市井の木造住宅の探索を試みた。例えば、五十一頁に示すスケッチは、フランスの都市ブロワで描かれたものである。奇妙な人体や持送りの木材の細部が描かれたこの図は、探索の結果、《軽業師の家（Maison des acrobates）》と呼ばれる十五世紀のハーフティンバー建築の正面の柱を飾る木彫装飾であったことを突き止めた。《軽業師の家》と呼称される理由である、曲芸をしている軽業師の姿が彫り込まれており、その姿を描いたものだったのである。

木造建築を主とする日本の将来の建築における装飾や様式について提言するという卒業論文以来の課題に対し、辰野がこうした西洋の木造建造物に解決へのヒントを見出そうとするのは当然のことだっただろう。辰野が西洋の木造建築の構造だけでなく、装飾はどのようになすべきかを考え、参考となると考えたからこそ、このスケッチを描いたのだろう。バージェスに影響を受けながらも、辰野が独自の課題解決への視点をもって旅をしていたことがよくわかる例である。

さらにもう一点、辰野独自の視点が見られるものが、古典様式による宮殿建築への関心の高さである。ルーヴル宮、ヴェルサイユ宮、シャンボール城などを訪問している。バージェスはフランスにおいて古典主義建築も実見していたが、弟子のコンドルはフランス古典主義建築に全く興味を示さなかったと考えられる。しかし辰野はゴシック様式に固執せず、柔軟な姿勢でさまざまな様式・用途の建築を実見した。

《軽業師の家》

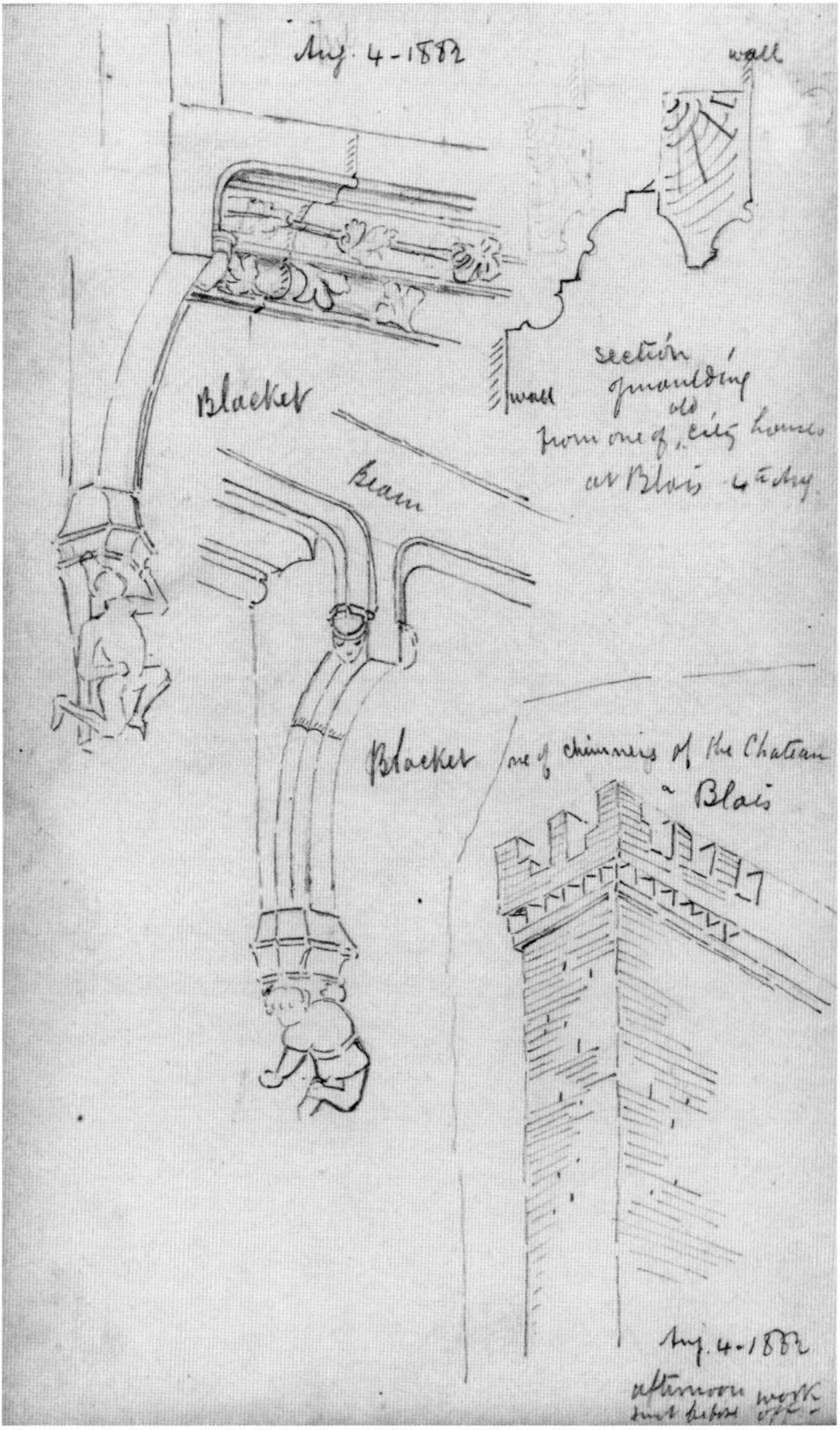

《軽業師の家》のスケッチ／『辰野金吾滞欧野帳』

松岡壽／松戸市教育委員会蔵

長沼守敬／同右

辰野が見たイタリア

イギリス人に学び、イギリスに留学した辰野と、イタリアとの関係はこれまでほとんど語られてこなかったことだが、イタリアの旅も彼に大きな印象をもたらした。辰野が帰国直後に設計した《銀行集会所》《渋澤栄一邸》、また講演や執筆内容からすると、とりわけイタリア体験が辰野に及ぼした影響は甚大であったと思われてくる。また、イタリア滞在中に、ローマにおいて絵画の修業を続けていた松岡壽、ヴェネツィアにおいて彫刻家への道を進めていた長沼守敬といった日本人美術家たちと交遊していたことが、松岡の日記から知られる。彼らとの交流は、やがて明治美術会での活動に転換していくもので、やはりこのことも彼の人生において大きな意味を持った。そして、辰野は建築と美術の関係を終生考え続けていくことになるのだが、その源は美術建築家バージェスからの教えとともに、このイタリア体験にもある。辰野がイタリアで見たものを順に見て行こう。

『滞欧野帳』第四巻から、辰野はジェノヴァ、ミラーノ、パヴィーア、ヴェローナなどを訪問した後、ヴェネツィアにはひと月以上留まっていることがわかる。そして、数日間に渉ってヴェネツィアン・ゴシック様式建築を代表する総督宮を訪れ、スケッチを複数枚遺している。

バージェスから影響を受けてフランスではゴシック聖堂を確認したように、イタリアでもヴェネツィアン・ゴシック様式の建築に関心を抱いたのは自然の流れであっただろう。一方で、イギリスのゴシック・リヴァイヴァル思想において重要な役割を果たしたラスキンの『ヴェネツィアの石』をロンドン留学時代に手にし、ここから興味を抱いた可能性もあるだろう。現地に長逗留したラスキンの著作さながらに、辰野もヴェネツィアではさまざまな建築の実測をおこなった節がうかがえるからである。

ヴェネツィアでの研究成果は、帰国から間もない明治二十一年（一八八八）に竣工したヴェネツィアン・ゴシック様式の《渋澤栄一邸》に生かされていると考えられる。

フランスにおいて重要な古典様式の宮殿建築をつぶさに観察したように、辰野はイタリアにおいてもやはり古典様式による建築を見て廻った。『工学博士辰野金吾伝』には第十七図としてパラッツォ・メディチ・リッカルディ、第十八図としてパラッツォ・ストロッツィのスケッチが掲載されている。ともにフィレンツェのルネサンス期を代表するパラッツォ（館）という都市建築である。この建築類型のみならず、古典様式による建築全般に関心をもっていたことは想像に難くない。

実際、ヴェローナでは同地出身のルネサンス期を代表する建築家の一人であるミケーレ・サンミケーリ（一四八四〜一五五九）のグスタヴェルツァ館をスケッチしている。また、スケッチは判明していないけれども、ルネサンス期イタリアのみならず、十八世紀イギリス建築に多大な影響を与えたアンドレーア・パッラーディオ（一五〇八〜一五八〇）の古典主義建築に強く関心を抱いたことが、やはり帰国後に手掛けた《銀行集会所》などから判断できる。

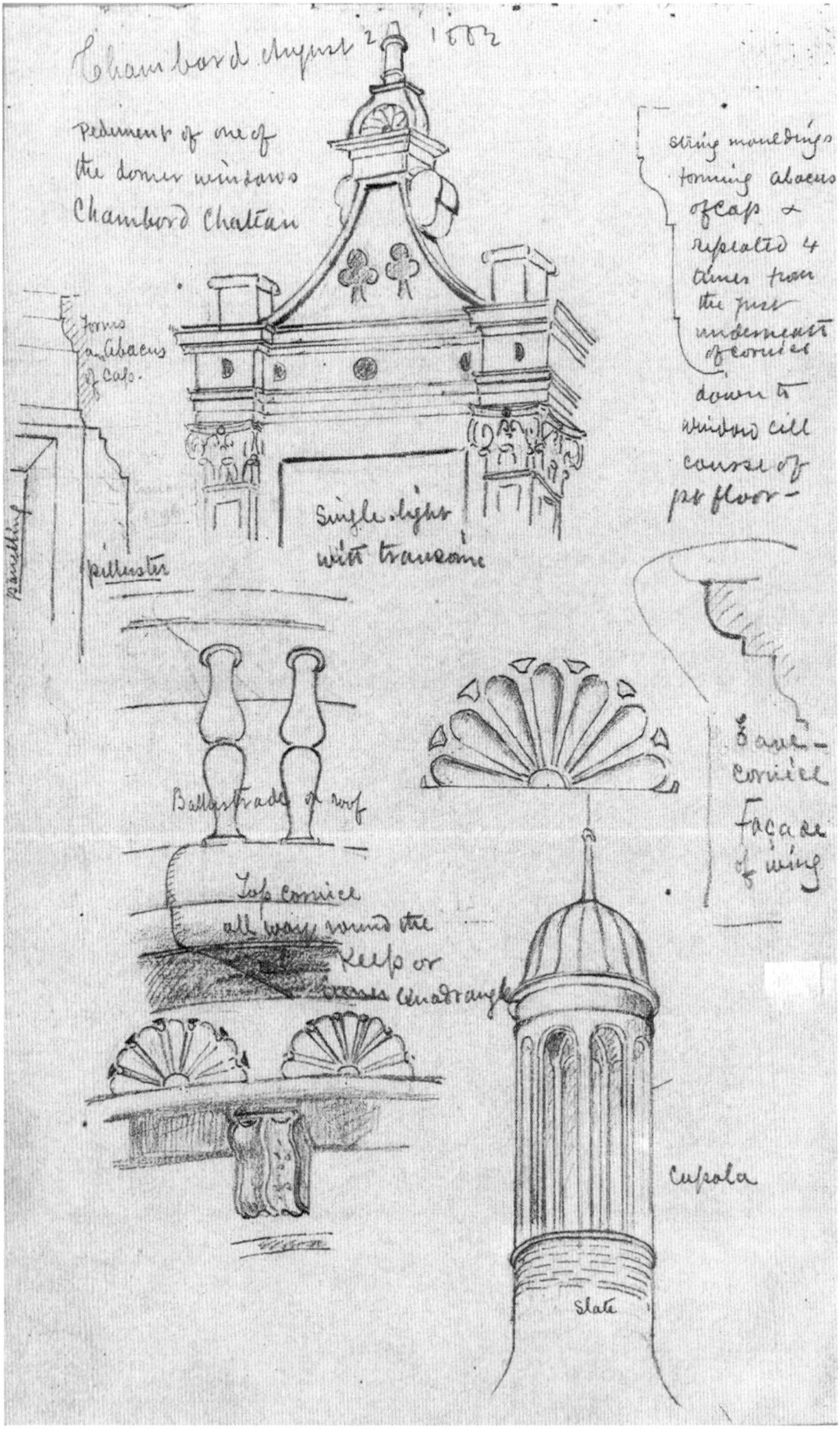

《シャンボール城》のスケッチ／同前

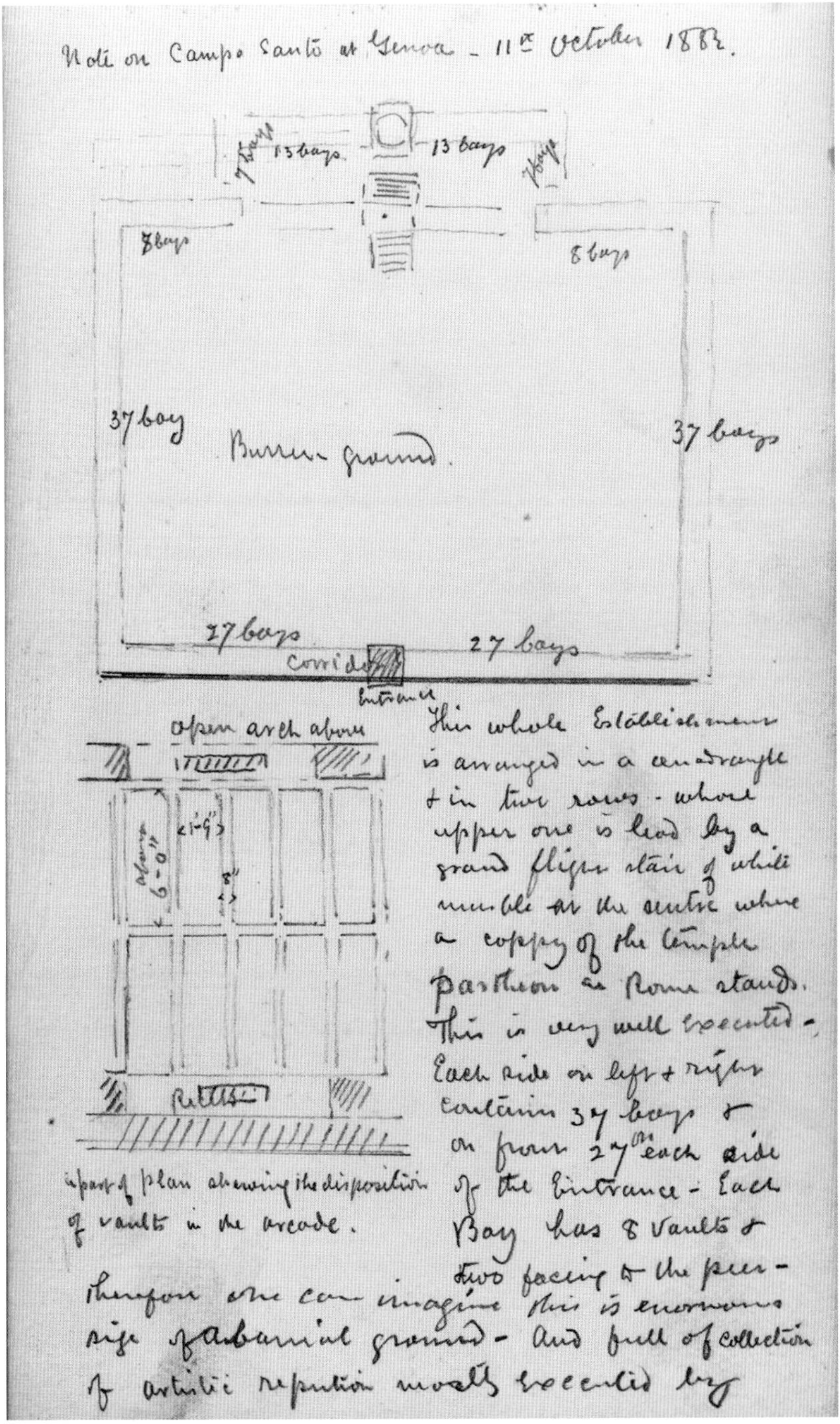
Note on Campo Santo at Genoa – 11th October 1882.
7 bays
13 bays
13 bays
7 bays
8 bays
8 bays
37 bay
Burrer ground.
37 bays
27 bays
27 bays
Corridor
Entrance
Open arch above
1'-9"
above 6'-0"
8"
a part of plan showing the disposition of vaults in the arcade.
This whole Establishment is arranged in a quadrangle & in two rows - whose upper one is lead by a grand flight stair of white marble at the centre where a coppy of the temple Pantheon at Rome stands. This is very well executed - Each side on left & right contains 37 bays & on front 27 on each side of the Entrance - Each Bay has 8 vaults & two facing to the peer - therefore one can imagine this is enormous size of a burial ground - And full of collection of artistic reputation mostly executed by

《スタリエーノ記念墓地》のスケッチ／同前

ルネサンス期の古典主義建築に関心を抱いた辰野が、その母である古代ローマ建築にも目を向けるのは自然の流れだっただろうし、まさにこれこそがグランド・ツアーの眼目であった。今のところ判明している、辰野の古代ローマ建築のスケッチは一枚だけで、それはヴェローナの円形劇場である。日本の将来の建築における装飾や様式についての提言という卒業論文以来の課題に対して、辰野は古代ローマ建築は直接、その回答には結びつかないと判断し、それよりも、その粋を再生させたルネサンス期の都市建築の方が、西洋化を進める明治期の日本の模範として必要だと判断したのかもしれない。

また、辰野は歴史的な建築のみならず、同時代建築へも関心を示している。日本への移入という観点からすると、同時代建築はより即効性の高いものとして目に映ったと考えられる。ジェノヴァでは十九世紀初頭に建設され、現在も増築が続いている《スタリエーノ記念墓地》を訪問し、ヴェネツィアでは綿工場の基礎に関するスケッチと所見を遺している。

グランド・ツアーから得たこと

フランスからイタリアに到るまでのグランド・ツアーにおいて、辰野は工学としての建築だけでなく、美術としての建築に対する探求心をもって歩みを進めたのだった。工部大学校での卒業論文を端緒とする課題であった、日本の将来の建築における装飾や様式について提言することができるようになるための素地を醸成するための旅だったのである。

《銀行集会所》明治18年

美術建築家のバージェスの下での実地研修によって、辰野は美術建築というものを意識し、師匠の思想や建築を通してそれがどのようなものであるか、またそれを学ぶためには実際にさまざまな建築を見て廻る旅が重要だということを学び、自らもグランド・ツアーに出掛けたのだろう。今日とは全く異なる交通事情の中で一年間も旅を続けることは決して生半可な気持ちでできるはずはなく、強い信念と根気が必要だったことは言うまでもない。

日本の将来の建築における装飾や様式に対する問題解決の糸口として、美術建築を意識し、さまざまな建築を見て廻ることによって、建築における多種多様な美術上の問題があることを知り、建築装飾のもつ重要性を一層認識しただろう。建築は工学的な関心だけでは成り立たないことを理解し、建築の装飾に関しては師匠バージェスがしたように、画家や彫刻家との共同によって成せばよいということも学んだだろう。イタリアでは、画家の松岡壽と彫刻家の長沼守敬と交流していた。この交流を通して辰野は西洋建築を学んだ者と西洋美術を学んだ者による共同という夢を抱いたはずである。

そして、帰国直後に設計する《銀行集会所》および《渋澤栄一邸》は、卒業論文以来の課題である日本の将来の建築における装飾あるいは様式についての具体的な結論あるいは提言を建築によって示したものと考えられるのである。

パッラーディオ憧憬――《銀行集会所》

明治十六年（一八八三）五月に帰国した辰野は、工部省勤務を開始する。工部

《渋澤栄一邸》明治21年／『建築雑誌』四一号

《渋澤栄一邸》内部／同上

《ヴィッラ・フォルニ・チェラート》

《ヴィッラ・トリッシノ》

省では、官庁営繕のみでなく、民間の建築の設計委託を受けて多数の設計がおこなわれた。辰野はそこで処女作《銀行集会所》をはじめとする数棟を設計し、明治十九年に工部省権少技長を依願退職した後も、「辰野建築事務所」を設けて《渋澤栄一邸》などの作品を手掛けた。

　前後に二分される辰野の建築活動のうちの前期にあたるこの時期の作品では、欧州留学で学んだ建築様式を展開させる。全体に、古典主義様式がよく用いられ、師のバージェスやコンドルが好んだゴシック様式への志向とは異なる好みが感じられる。初期の作品中、例えば処女作の《銀行集会所》や兜町の《渋澤栄一邸》には、イギリスというよりもイタリアへの愛着が見られる。

　帰国した年の十月、銀行集会所総代の渋澤栄一《しぶさわえいいち》は、《銀行集会所》の新築設計を工部省営繕課に依頼した。こうして、明治十八年七月、辰野の処女作である《銀行集会所》が完成する。正面中央入口上部にペディメントを戴き、左右対称性の厳格なこの建築は古典主義的な色彩が強い。正面中央の半円アーチの開口部は突出しており、パッラーディオの最初期の作品である《ヴィッラ・フォルニ・チェラート》の正面デザインに酷似している。また、半円アーチの窓の上部に丸窓を配するデザインは、十六世紀の代表的な人文主義者の一人であるジャンジョルジョ・トリッシノが、ヴィンチェンツァ郊外のクリコリに建てた《ヴィッラ・トリッシノ》で用いた窓のデザインと同じである。このヴィッラで石工として働き、トリッシノによって建築的才能を見出されたアンドレア・ピエトロ・ディ・ゴンドラという名の少年が、パッラーディオその人である。よって、《ヴィッラ・

トリッシノ》は、パッラーディオの設計によるものでないが、彼が建築家の出発点に立つことになった記念碑的な建築であると言えるだろう。

辰野が自身の処女作において、イタリア古典主義建築を代表するパッラーディオを意識していたことは、銀行集会所の開業式に際しての辰野の挨拶からもわかる。

終りに臨み一言以《もっ》て此《この》結構を述《のべ》んに先づ外構は彼《かの》伊国造家学士パラテヨ氏の新式を模範とす、氏は紀元一千五百十八年より一千五百六十年迄、乃《すなわ》ち四十二年間其《その》英名を轟《とどろか》せり、今尚《いまな》ほ仰《あおぎ》て近代造家学士の泰斗とす、又装飾に至りては主として伊国千五百年代チンクェチェント風と称する一種の模様を擬《ぎ》す、孰《いず》れも取捨折衷して以て之《これ》に適用したるものなり。

ここで辰野は《銀行集会所》を設計するにあたり、「パラテヨ」すなわち、パッラーディオの建築を参考にし、建築装飾は盛期ルネサンス期のイタリア建築の装飾デザインを手本としたことを明かしている。パッラーディオのヴィッラのデザインを引用して設計された都市建築として、《銀行集会所》は造られたのである。

《銀行集会所》の建設が進行中であった明治十七年十二月、工部大学校の造家教師コンドルは契約期限満了により解雇され、辰野がその後任となった。年が明けて二月、辰野は最初の卒業試験を課した。五題出題した内の一題は次のようなも

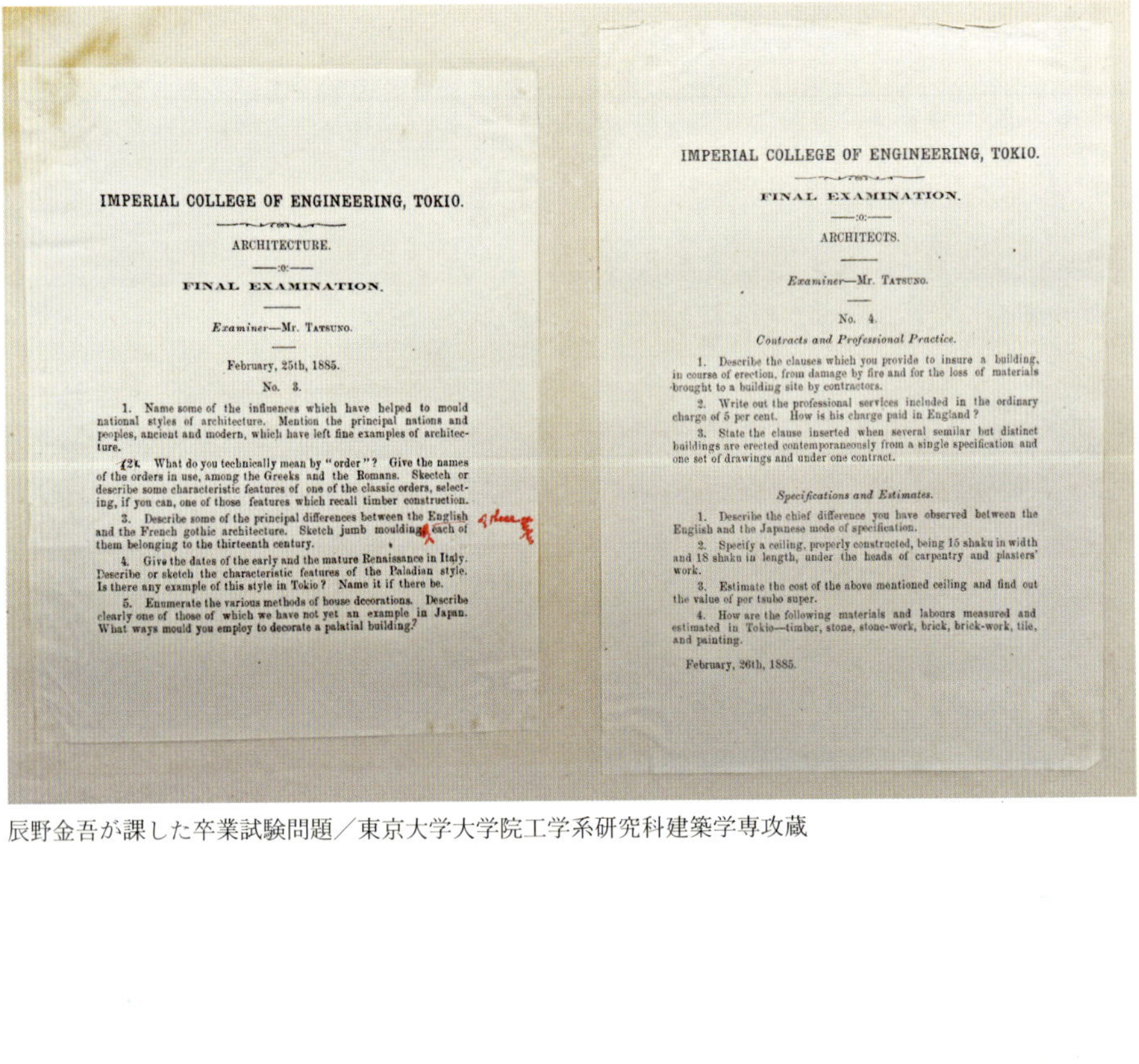

IMPERIAL COLLEGE OF ENGINEERING, TOKIO.

ARCHITECTURE.

—:o:—

FINAL EXAMINATION.

Examiner—Mr. Tatsuno.

February, 25th, 1885.

No. 3.

1. Name some of the influences which have helped to mould national styles of architecture. Mention the principal nations and peoples, ancient and modern, which have left fine examples of architecture.

2. What do you technically mean by "order"? Give the names of the orders in use, among the Greeks and the Romans. Skectch or describe some characteristic features of one of the classic orders, selecting, if you can, one of those features which recall timber construction.

3. Describe some of the principal differences between the English and the French gothic architecture. Sketch jumb mouldings each of them belonging to the thirteenth century.

4. Give the dates of the early and the mature Renaissance in Italy. Describe or sketch the characteristic features of the Paladian style. Is there any example of this style in Tokio? Name it if there be.

5. Enumerate the various methods of house decorations. Describe clearly one of those of which we have not yet an example in Japan. What ways mould you employ to decorate a palatial building?

IMPERIAL COLLEGE OF ENGINEERING, TOKIO.

FINAL EXAMINATION.

—:o:—

ARCHITECTS.

Examiner—Mr. Tatsuno.

No. 4.

Contracts and Professional Practice.

1. Describe the clauses which you provide to insure a building, in course of erection, from damage by fire and for the loss of materials brought to a building site by contractors.

2. Write out the professional services included in the ordinary charge of 5 per cent. How is his charge paid in England?

3. State the clause inserted when several semilar but distinct buildings are erected contemporaneously from a single specification and one set of drawings and under one contract.

Specifications and Estimates.

1. Describe the chief difference you have observed between the English and the Japanese mode of specification.

2. Specify a ceiling, properly constructed, being 15 shaku in width and 18 shaku in length, under the heads of carpentry and plasters' work.

3. Estimate the cost of the above mentioned ceiling and find out the value of per tsubo super.

4. How are the following materials and labours measured and estimated in Tokio—timber, stone, stone-work, brick, brick-work, tile, and painting.

February, 26th, 1885.

辰野金吾が課した卒業試験問題／東京大学大学院工学系研究科建築学専攻蔵

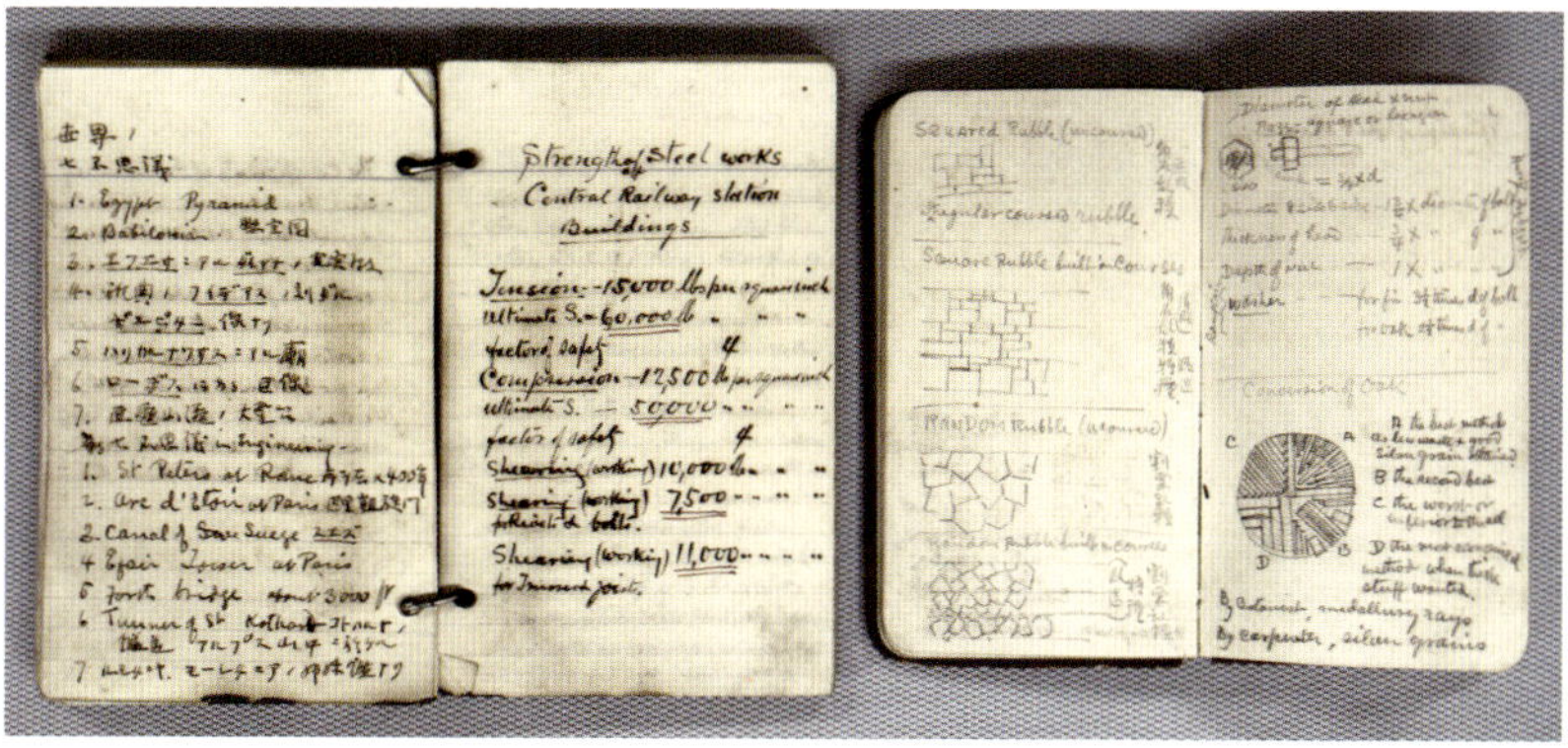

辰野金吾のメモ帳／同右

のだった。

イタリアにおける初期及び盛期ルネッサンスの時期を述べよ。パラディアン様式に固有の特徴を記述ないし図示せよ。この様式の例は東京にあるか。あるとすればその名称を述べよ。

「この様式の例は東京にあるか。あるとすればその名称を述べよ」との問いは、辰野設計の《銀行集会所》を解答として期待していることは明らかである。またこの設問から、辰野が《銀行集会所》において、十八世紀の歴史用語としての「パラディアン様式」ではなくパッラーディオ自身の建築を継承しているという自負を抱いていたようにも感じられるのである。

ヴェネツィアン・ゴシックの試み——《渋澤栄一邸》

明治二十一年（一八八八）、《渋澤栄一邸》が兜町の日本橋川沿いに竣工した。《渋澤栄一邸》は、ヴェネツィアン・ゴシック様式のデザインを採り入れた建築である。正面のデザインは、中央に狭い間隔で半円アーチの窓が六つ連なり、その左右には間隔を開けた半円アーチの窓が二つずつ並ぶ。これは、ヴェネツィアの大運河沿いに浮かぶ、十二世紀に建てられた住居兼商館の《カ・コルネール・ロレダン》のピアノ・ノービレ（日本式階数の二階部分）上部のデザインに似ている。日本橋川沿いの敷地での住宅建築をデザインするにあたって、辰野はヴェネツィアの大運河沿いのパラッツォを参考にしたのだろう。

その一方で、《渋澤栄一邸》をヴェネツィアン・ゴシック風にデザインしたのは、施主である渋澤の要望であったかもしれない。というのも、渋澤は十五世紀ヴェネツィア派の画家の一人であるチーマ・ダ・コネリアーノ（一四五九頃～一五一八）による油彩画《農夫刈羊図》および《牧羊図》を所持していたと考えられ、これらの作品を飾るのに相応しい家のデザインが施主と建築家の間で模索された結果かもしれないからである。つまり、チーマというルネサンス期ヴェネツィアで活躍した画家ということから、大運河が流れるヴェネツィアという都市、そしてその都市における典型的な館が想起されたのではないか。実際、十九世紀の建築デザインは、しばしば、建物の機能から想起されるイメージによってデザインが決定されていた。また、館の敷地が日本橋川沿いであったことによって、ヴェネツィアの大運河であるカナル・グランデが想起され、ヴェネツィア派の画家のチーマ作品へとイメージが結びついたとも考えられる。少々うがちすぎだろうか。辰野が手掛けた多くの建築の中で、《渋澤栄一邸》だけがヴェネツィアン・ゴシック様式風の建築であるのは、このような理由によるのかもしれない。

「家屋装飾論」――帰国後初の論文

明治十六年五月帰国した辰野は、半年後には帰国後初の論文「家屋装飾論」を『工学叢誌』に発表した。日本において採用された、建築を含む欧米のさまざまな事物には誤った用い方のものがあり、「善良ノモノトナサント欲シ」たために、西洋建築に施される装飾九種類、すなわち、「漆喰塗細工」「張紙」「デステンプル」「フレスコ」「油絵」「織物貼附」「木細工」「寄セ石細工」「大理板石寄セ石細工」の技法を紹介したのだという。「壁天井ノ装飾ハ必ズシモ貼附《はりつけ》及漆喰塗《しっくいぬり》ノ二法ニアラザルヲ示シ」と述べていることからすると、当時、日本において理解されていた西洋建築の装飾は「貼附」と「漆喰塗」の二種類だったことがうかがえる。

そして、辰野は「我国固有ノ美術ヲ再興シ彼此《かれこれ》折衷シテ以テ善良ノ造家美術ヲ造成」することを謳う。この文言から、この論文は辰野が卒業論文以来の課題としてもち続けた、日本の将来の建築における装飾ついての具体的な提言として出されたものと言えるだろう。辰野は西洋と日本の建築装飾術を折衷することによって、「善良ノ造家美術」がなされるとの結論を示したのである。工部大学校で西洋建築を学び、イギリス留学した辰野がバージェスから日本の建築について問われて思うように返答できなかったことも、恐らく遠因となって、帰国後、辰野は日本の建築とその歴史へも注意を向けるようになっていくのだが、その芽ももうここに現れている。この後すぐに、辰野は、法隆寺のような日本の歴史的な建築にも、建築と建築装飾との見事な調和を見出すことになるのである。

辰野の論文「家屋装飾論」は、建築は建築だけで成り立っているのではなく、建築には建築装飾が不可欠であること、それこそが今後の日本の建築に必要であることを理解していたことも示している。そして、建築装飾への注目は、画家や彫刻家との共同の必要性を認識しただろう。それゆえに、松岡壽や長沼守敬との

松岡壽画「ピエトロ・ミカの服装の男」／岡山県立美術館蔵

松岡壽画「辰野金吾肖像」『工学博士辰野金吾伝』

交流が続いていくのである。そして辰野は、多様な建築装飾の中でもフレスコ画に注意を向けることになる。

明治美術会と辰野

辰野の帰国から五年後の、明治二十一年十月六日、松岡壽が帰国した。その頃、岡倉天心《おかくらてんしん》とアーネスト・フェノロサが中心となって進めた、東京美術学校の「学校規則」が制定され、開校は間近に迫っていた。だが、東京美術学校では、日本の伝統的な美術のみを教育し、西洋美術は排除されたのである。松岡が帰国した日本は、洋画家にとっては、まさに冬の時代の最中であった。松岡の帰国を祝う歓迎会の場は、洋画家たちの大同団結を図る場となり、松岡をはじめ、小山正太郎、浅井忠、高橋源吉などの工部美術学校の同窓生、並びに、松岡と時を同じくしてヴェネツィアで彫刻を学んだ長沼守敬、ヴェネツィアでの先輩格にあたる川村清雄など、西洋派の人々、とりわけ、イタリア派の人々が中心になって明治美術会が組織された。イタリアから帰国したばかりの松岡に期待されるものは大きかっただろう。

その松岡から誘われたのだろうか、辰野も明治美術会に入会する。辰野の入会は、明治二十二年十一月に「明治美術会第一回報告書」が印刷された後のことである。発足当初からの会員ではなかったわけだが、同会において後進育成のための私塾である明治美術学校が設立されると、辰野はその校長に就いている。

「フレスコニ就テ」

明治二十五年、明治美術会の第十七回会合において、辰野は「フレスコニ就テ」という講演をおこなった。その冒頭は次の通りである。

> 建築ト云フモノハ（私ハ建築専門ノ方デアリマスルガ）コノ彫刻或《あるい》ハ絵画等ノ美術トハ兄弟姉妹ノ間柄デアリマスカラシテ建築学ヲ遣《や》リマスモノハ必ズ此《この》美術思想ガ無クテハナラント云フハ当然（後略）

ここにはバージェスに学んだ美術建築家の思想が見える。続けて、「『フレスコ』ト云フ粧飾術ハ美術家の手ニ成ルモノ」であることについて講演することになった理由を述べている。これまでに日本の画家がフレスコ画について、研究あるいは講演をしたということを聞かない、それで、「私ガ曾《かつ》テ伊太利留学中取調ベテ置キマシタコトヲ演《の》ベテ諸君ノ御注意ヲ促《うな》ガシ又タ将来此術ヲ充分研究遊バサレシコトヲ欲シ」たのだと説明している。

実際、辰野はグランド・ツアーで訪れたローマにおいて、松岡壽とともにフレスコ画で有名な建築を見学していることが松岡の日記から判明する。美術と共存することによって成立する総合芸術としての建築をそこに見出したことだろう。

辰野は、将来、日本の建築にフレスコ画による装飾がなされることを期待していたのだろう。帝国大学工科大学で教鞭を執り、日本建築学会の前身である「造家学会」の副会長として日本の建築界を率い、明治二十一年には欧米での銀行建築の調査をして当時まさに《日本銀行本店》の建設に携わっていた建築家の辰野が、画家によって描かれるフレスコ画の必要性を説いていることは興味深い。《日本銀行本店》にはフレスコ画は描かれることはなかったが、この講演をおこなった際には、夢の早期実現へ向けて、幾分の期待もあったのではないだろうか。建築家と美術家の共同は、大正七年（一九一八）の《大阪市中央公会堂》において、松岡壽による壁画装飾をもって実現されることになる。

辰野の欧州体験は、「美術建築」の概念を身をもって知るものだった。建築と美術の共存する姿を、美術建築家バージェスから学び、グランド・ツアーの経験によっても実感として理解した。それこそが、近代日本が必要とする建築の姿だと辰野は認識したはずである。

〈河上眞理〉

《大阪市中央公会堂》大正７年／『明治大正建築写真聚覧』

松岡壽による《大阪市中央公会堂》の壁画装飾（一般見学不可）

第三章　「辰野式」建築とイギリス

次に、建築家としての辰野金吾について、とくに後期の設計活動について見ていこう。辰野金吾の代表作といえば、《日本銀行本店》に加えて、近年復原工事が竣工した《東京駅》を挙げねばならない。辰野畢生の大作である《東京駅》は、いわゆる「辰野式」建築の代表作として知られている。明治三十五年十二月に東京帝国大学工科大学教授の職を辞し、自営建築設計事務所を構えてからの辰野は、白色のストライプが映える赤煉瓦の様式建築へとその作風を鮮やかに転換させた。この時期の建築が「辰野式」と呼ばれている。

この「辰野式」については、イギリスの建築家リチャード・ノーマン・ショーらが得意としたクイーン・アン様式あるいはフリー・クラシック様式に範を得たものと説明されている。けれども、辰野自身はフリー・クラシックということばを使っていない。それに、フリー・クラシックであるならそう呼べばよいので、わざわざ「辰野式」とは呼ばれないだろう。

「辰野式」とは何か。辰野が最も影響を受けた国であるイギリスとの関係から読み直し、辰野の思いに迫っていきたい。

「辰野式」ということば

「辰野式」ということばは、よく考えると不思議である。そもそも建築様式に個人名が付くことは珍しい。日本で言えば、ほかには「ライト式」くらいだろう。《帝国ホテル》の設計者フランク・ロイド・ライトの作風は、地を這うような全体のボリュームや屋根形状、そして濃密なテラコッタの装飾など、一見して明らかな個性がある。その作風がライトの信奉者によって追随されたものが「ライト式」と呼ばれた。一方、「辰野式」は必ずしもそうではない。そもそも辰野自身の作品に対して用いられたものであるし、同様の建築表現をしたのは必ずしも辰野の信奉者だったわけではない。

このことば、専門家が使う時は、「いわゆる辰野式」と留保付きで書かれることが多い。「辰野式」ということばにまとわりつく曖昧さがここに表れている。このことばがどのように使われてきたか、少し見直してみよう。

「辰野式」の語は、実は辰野存命時の文献には見つけることができない。辰野没後の文献や、当時を回顧する話の中にぽつぽつと現れる。昭和八年には文献上で確認できるので、それ以前から使われていたことがわかる。ただ、かつての使われ方には、多少の皮肉が込められているようだ。「辰野式」とは言わないものの、辰野の作品は「赤煉瓦と花崗岩のダンダラ積み」と語られたりしている。辰野の晩年は、若い世代にとっては歴史様式の乗り越えと、建築における創造性が求められた時代であり、その乗り越えるべき象徴が辰野金吾であった。彼らには、辰

築圖

《東京駅》第一案
『ガラス』二二三号

《東京駅》第二案／『学生』四－一

《東京駅》（竣工時）／『明治大正建築写真聚覧』

J・コンドル《海軍省》明治27年
『東京百建築』

野の創造性が前時代的で稚拙に見えたらしく、それを揶揄して「辰野式」と言われはじめたのが本当のところのようである。

このことばは、昭和五十年代前半に、建築史家の堀勇良《ほりたけよし》と藤森照信《ふじもりてるのぶ》によって、鮮やかに反転された。巷に言われていた「辰野式」に「ルネサンス」あるいは「フリー・クラシック」という語が接合された言い方をとらえ、それを揶揄から辰野の個性へと転換させたのである。「フリー・クラシック」様式とは聞き慣れないことばだが、十九世紀後半のイギリスを中心に流行したクイーン・アン様式の中の一潮流を指す。クイーン・アン様式は、過去の様式の正確な再現が求められたこの時期の復興様式とは異なり、積極的に様式を折衷し、非対称で不規則に仕立てた外観デザインに特徴がある。この様式の旗手の一人であるノーマン・ショーが得意としたのが、記念碑的な古典様式（クラシック様式）を基にしながら細部を崩し、あるいは他の様式を折衷した「フリー・クラシック」である。辰野の建築は、クイーン・アンの中でも古典様式の持つ記念性が強く意識されており、また辰野自身もノーマン・ショーの建築を参照していたことから（座談会「最近十五年間に於ける関西建築界の変遷を語る会」における武田五一の発言）、「フリー・クラシック」と語られるようになったのだろう。

これ以降「辰野式」は、その華やかな装飾性とともに、ポジティブにとらえられるようになった。「ダンダラ積み」との揶揄は、中身をそのままに、辰野の強い個性を表したことばとして使われ、一般に流布していく。そして、「辰野式」は愛すべき様式として認められるようになった。では、その様式の中身とはどの

妻木頼黄《東京商業会議所》明治32年
『明治大正建築写真聚覧』

ようなものだろうか。辰野の時代における「辰野式」の評価に遡ってみよう。《中央停車場》として計画、建設された《東京駅》の竣工翌年の大正四年、東京の名建築百件を集成した写真集が出版された。《東京駅》は、その巻頭を飾っている。建築評論家黒田《くろだ》鵬心《ほうしん》が編集した写真集『東京百建築』である。《東京駅》は実は当時の若い世代の建築家たちから酷評されていたのだが、黒田は辰野作品を好意的に見ていたようである。

この写真集には、掲載建物すべてに様式名が記載されている。多くの建物が「ゴシック式」「ルネサンス式」などと単独の様式名が記される中で、辰野作品にだけは、「ルネサンス系」に「辰野博士独特の手法を加へたる点多し」と記されている。著者黒田は、各建物に自らの判断で様式名を付けたと語っている。その中で特に辰野の作品には苦心したのだろう。独特としか言いようがなく、様式判定を留保してしまっているのである。当時においても辰野の作品は設計者の個性が強烈に放たれていると感じられるものだったことが、ここにうかがえよう。

その「独特の手法」は、「ダンダラ積み」だけに求められるものではなく、全体の造形手法を指していたに違いない。なぜなら、他の建築家も「ダンダラ積み」を用いていたからである。辰野がこうした形式の建物を世に送り出す前に、すでに《海軍省》（明治二十七年、J・コンドル設計）、《東京商業会議所》（明治三十二年、妻木頼黄設計）といった建物で、赤煉瓦に白い花崗岩をバンド状に配した表現がなされていた。

では、辰野の独特の手法とは、どんなものだったのだろうか。

《東京火災保険会社》明治 38 年／『東京百建築』

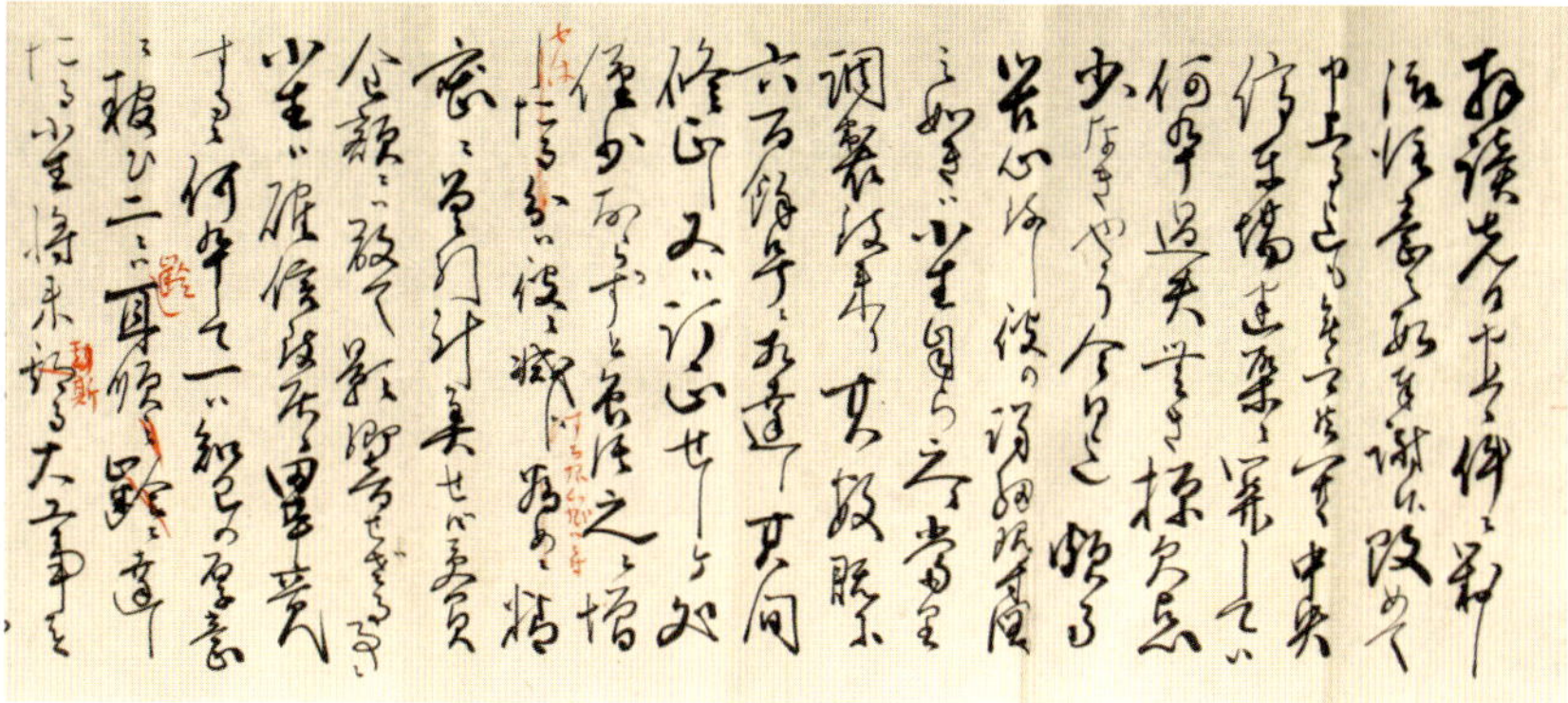

辰野金吾「鉄道院総裁平井晴次郎宛書簡」
東京大学大学院工学系研究科建築学専攻蔵

《東京駅》と「辰野式」

「辰野式」第一号は、明治三十八年七月竣工の《東京火災保険会社》である。この建物は、東京に辰野葛西建築事務所が設置された明治三十六年八月に起工されている。塔屋や屋根の意匠にクィーン・アン様式の性格が典型的に表れた、「辰野式」の中で最も優美な作といえる。けれども、帯石が一階部分に限定されていたり、各屋根の形状が比較的落ち着いていたりと、後に見られる「辰野式」のアクの強さからすれば、少々優しすぎる感もある。「辰野式」の習作といったところだろう。

明治三十八年には大阪に辰野片岡建築事務所を構え、東京と大阪を拠点に膨大な数の「辰野式」建築を生んでいくわけだが、両事務所開設間もない明治三十年代には比較的ゆったりとしたペースで作品を生んでいた。これは並行して《東京駅》を設計していたことが関係しているように思われる。

《東京駅》の設計は、明治三十六年十二月に最初に辰野に依頼されたという（辰野「中央停車場の建築」）。明治三十七年二月の日露戦争勃発により中断を余儀なくされたものの、幾度も案が練り直され、規模も拡大されながら、都合八年をかけて設計が進められた。この間に建てられた辰野葛西建築事務所の第三作《帝国生命保険株式会社大阪支店》（明治四十年十月）は、ミニ《東京駅》というべき意匠をもつ。屋上のアーチ型といい、塔屋の奇妙な形のドームといい、《東京駅》と並行して設計が進められたことがよくうかがえる。「辰野式」は、ほぼ、

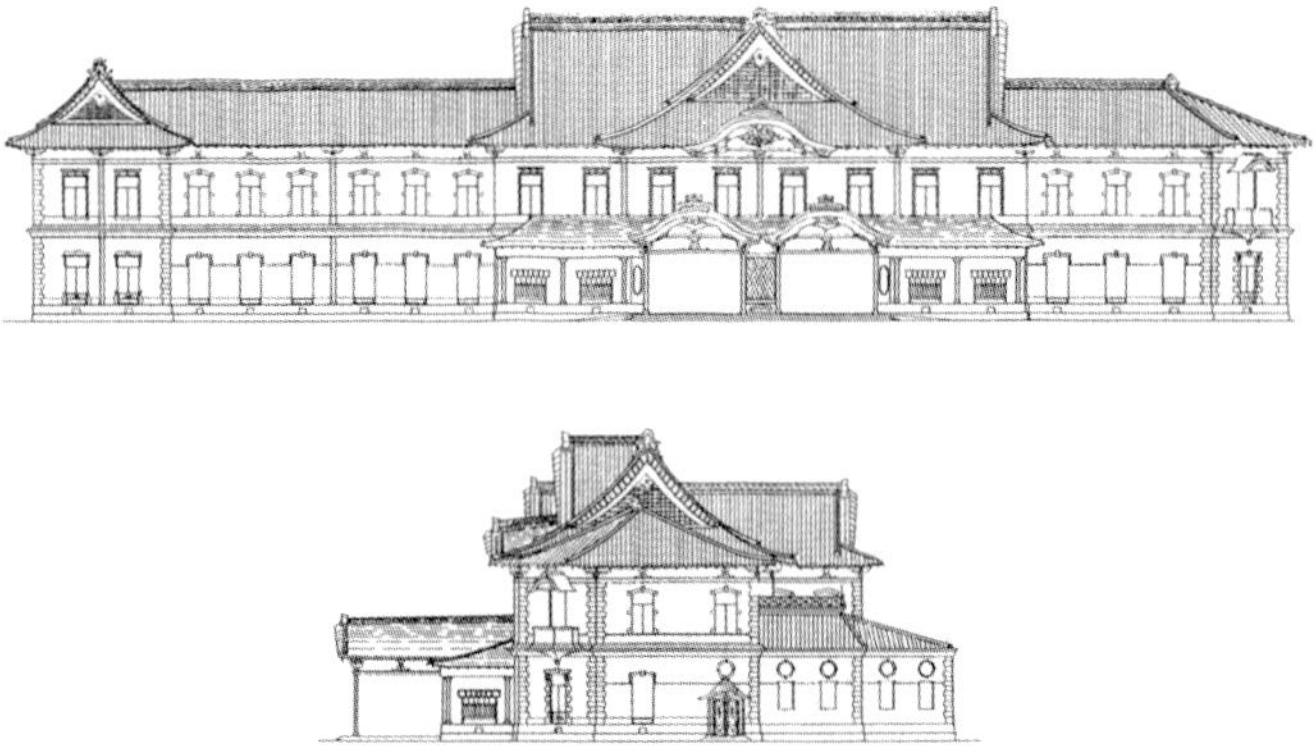

フランツ・バルツァーによる《東京駅》案乗車口の正面および側面のスケッチ／『東京駅誕生——お雇い外国人バルツァーの論文発見』

《東京駅》の設計とともに生み出されていったと言えそうである。

《東京駅》は「辰野式」の代表作と目されるけれども、国家の記念碑的建築であるがゆえに、その設計には辰野の意志だけではなく、鉄道、都市計画、あるいは国家の論理が複雑に絡み合っている。その絡み合いを少しずつ解きほぐしていこう。

《東京駅》の最初の設計は、辰野ではなく、ドイツ人鉄道技術者フランツ・バルツァーによってなされた。乗車口と降車口を北と南に分け、中央に皇室専用乗降口を配する《東京駅》独特の平面構成は、バルツァー案にすでに示されている。それ以上に目を引くのが、駅舎のデザインである。各棟は洋風の軀体に和風の屋根を乗せた和洋折衷の意匠で提案されていた。新しい時代に向けた建物である駅舎にあえて伝統的な様式を適用することで、日本の伝統を再評価する契機としたいとの思いから、バルツァーは和風の意匠を提案したのだった。ただしこの時点では、東京駅は丸ノ内の正面玄関ではあっても、皇居と都市計画的に関連付けられていたわけではなかった。

明治三十六年二月にバルツァーが帰国し、翌月に作成された市区改正の実施に向けた新設計では、東京駅から皇居へと通る道が計画され、皇室との関係が強く意識されるようになった。日本の顔としての駅舎という新たな意味がここに加わったのである。ここで改めて《東京駅》の設計が辰野に依頼されることとなった。

鉄道側からの設計条件だったのであろう、辰野はバルツァーの平面計画をそのまま受け継いだ上で、建物のデザインを洋風に改めるという設計手法をとった。辰野の設計案として、形の大きく異なる三案が残されている。第一案と第二案は、設計依頼後まもない明治三十七年頃のものと考えられる。第三案は総三階建てに計画が変更された後の明治四十年の設計である。

最初期の案である第一案は、ラフなアイデアスケッチであるが、初期案らしい躍動感に溢れた魅力を持つ。建設費が四十二万円と抑えられていたために規模が限定されることとなり、二階建ての五棟を平屋で繋いだ結果、一つの建築というよりは町並みの体をなしている。各棟に様々な意匠の塔屋が付き、あるいは大振りなドームが架けられ、華やかなスカイラインが描かれる。ここには辰野の表現意欲が詰まっているように思われる。第二案は、これを設計図として整えつつ、細部を実施可能な形に改めたもののようである。中央の皇室出入口の塔が強調された点が特徴的である。

総三階建ての実施案は、日露戦争の戦勝ムードの中で、明治三十九年に駅舎規模を拡大する計画が浮上し、大きな修正を受けた結果、できあがったものである。ちょうど同時期に、中央停車場への高架線建設のための新永間建築事務所所長であった鉄道技術者岡田《おかだ》竹五郎《たけごろう》が、欧米の鉄道事情を視察すべく一年間の外遊に出かけ、明治四十年四月に帰国している。岡田の帰国を待って、《東京駅》は総三階建ての計画へと変更された。明治四十年五月二十五日には三階建て案図面ができている。これが最終案となり、明治四十一年に起工され、六年の工事期間を経て、大正三年十二月十八日に竣工した。

ところで、昔からまことしやかに語られてきたのが、《東京駅》がオランダの《アムステルダム中央駅》を模倣したという説である。ヨーロッパによく見られるターミナル式ではなく通過式の駅となっていること、水平に長く伸びた形式であること、王室専用乗降口を有すること、駅舎内にホテルがあることなど、確かに共通点が多く、駅舎としての機能や都市内の位置は間違いなく世界中の駅の中で最も似通っている。しかし建築様式の上では、《アムステルダム中央駅》はゴシック、《東京駅》は古典系と、明瞭な差がある。

辰野は《東京駅》設計のための海外視察はしておらず、それ以前にもアムステルダムを訪れた記録はない。建築様式面からは、《アムステルダム中央駅》模倣説は明確に否定されている。けれども近年、《東京駅》竣工時からすでに、両駅に関係があることが鉄道関係者の話題に上っていたことが明らかにされた（小野田『高架鉄道と東京駅』）。となれば、《アムステルダム中央駅》の情報源は、鉄道畑の岡田竹五郎と考えるほかない。岡田はアムステルダムに立ち寄っているし、明治四十年の岡田の帰国とともに、《東京駅》は二階建てから三階建てに大きく変更され、ホテルも併設されることとなり、明らかに岡田の帰国が転機となっているからである。《アムステルダム中央駅》は、外観の建築様式としてではなく、駅舎としてのプログラムにおいて参照された、と考えるべきだろう。とすれば、改めて、あの外観の様式は辰野オリジナルの「辰野式」に他ならないといえるのである。

では、二階建てから三階建てへの変更に際して、辰野はいかなる形を与えたの

《アムステルダム中央駅》／『東京駅と辰野金吾——駅舎の成り立ちと東京駅のできるまで』

だろうか。両案を比較してみよう。まず、大きく五つに分断されていた棟が一つに繋がれ、屋根が水平に通り、そこからドームや塔屋が頭を出す形となった。二階から三階へと高められ、幾分間延びしたファサードは、二、三階を貫くイオニア式の列柱が挿入されて引き締められる。その結果、全体として、第一案にあったピクチャレスクの効果、すなわち絵画的で賑やかな印象が幾分弱められ、統一的なボリュームと列柱による古典様式の規範が優越するデザインとなり、より記念碑的な構成となった。ピクチャレスクと古典が同居するこの独特な構成は、西洋建築としては異様な面があることが否定できないが、それこそが「辰野式」の真骨頂である。

この大規模な修正の中、一貫して変化がなかったのが、南北に対に設けられた昇降口に架けられた大ドームである。幾分扁平な独特の意匠を持つこのドームを、辰野は「兜形屋根」と呼んでいた（辰野「中央停車場の建築」）。聞き慣れない名の屋根形式は、辰野が独自に名付けたものだろう。想像をふくらませるならば、二つのドームを、兵士に見立てようとしたのかもしれない。中央の皇室出入口を、兜をかぶった左右の兵士が守っているというと、擬人化しすぎだろうか。

「辰野式」の特徴

さて、「辰野式」の特徴を、他の建築も含めてまとめてみよう。一つ目は、赤煉瓦に白色の石がストライプ状に入れられる華やかな壁面意匠である。当時の文献では白色の石を「帯石」や「帯形」と呼んでいた。「辰野式」で最も目に付き

葛西萬司／『建築雑誌』第六九一号

片岡安／『関西名士写真録』国勢協会

やすい特徴だが、実際には辰野が取り入れる以前から他の建築家が用いていた手法であった。

二つ目が、ゴシック様式と古典様式の混淆である。イギリスではクイーン・アンあるいはフリー・クラシックと呼ばれるこの建築様式は、古典様式の厳格な骨格に垂直性を意識したゴシックの表現が加味され、さらに細部意匠が折衷されたり、あるいは自在に変形される。

三つ目が、建物の隅に設けられるボリュームのある塔屋である。こうした塔屋はアメリカにおけるクイーン・アン様式でよく見かけるが、イギリスにおいてはむしろ盛期ヴィクトリアン・ゴシックで多く用いられている。ただ、英米の事例と比較しても、「辰野式」の塔は圧倒的な存在感を見せる。

四つ目が、特異なドームや屋根、塔屋によって形成される賑やかなスカイラインである。《東京駅》のように長大なファサードを持つ時、その効果は絶大なものとなる。

これらのうち、帯石や隅の持ち送り式の小塔の表現は、ノーマン・ショー設計のロンドンに立つ《ニュー・スコットランド・ヤード》とよく似ており、それとの関係が指摘されてきた。辰野自身も、ノーマン・ショーの言動には注目していたらしい。しかし、こうした特徴を相互に強弱を付けつつ破綻無くまとめ上げるノーマン・ショーの腕の冴えにはかなうべくもない。「辰野式」は、全体よりも部分が主張し、こうした特徴が強弱無く盛り込まれるのである。つまり、建築様式からすれば相容れにくいこれら四つの特質がぶつかり合うように同居するとこ

《武雄温泉楼門》大正4年

ろが、「辰野式」の独特さなのだろう。ピクチャレスクの表現力と古典様式の記念性が掛け合わせられているかに見えるのも、それゆえである。

なお、東京の辰野葛西建築事務所と大阪の辰野片岡建築事務所とでは、作風に多少の違いが見られる。辰野葛西建築事務所は柔らかく、辰野片岡建築事務所は堅い印象がある。辰野片岡建築事務所では、大正期になると帯石をあまり用いなくなり、クラシックの骨格が目立つようになっていく。大阪では片岡安の個性が強くなっているということを示すものだろう。

辰野作品の中には和風の優品もある。《奈良ホテル》(明治四十二年)と《武雄温泉新館・楼門》(大正四年)がその代表である。《奈良ホテル》は、長大なボリュームを複数の棟に分割して雁行形に配置している。軸部は書院造の形式ながら、比例や空間構成に明らかに西洋建築の特質が見える。屋根には鴟尾と塔屋、そして入母屋屋根の妻が重なり合い、賑やかなスカイラインを演出する。和洋が伸びやかに溶け合った造形は、数ある近代和風建築中屈指の優品といえる。

辰野の出身県である佐賀県の武雄温泉の中心に共同浴場として建設されたのが、楼門と新館である。楼門は、下層を漆喰で塗り籠めた龍宮門の形式である。この時期の建築家による寺社建築では、古代、中世の細部意匠を用いた復古デザインが流行しつつあったが、この建物の細部は近世的である。保守的な造形ながら、下層側面に張り出しを持たせ、龍宮門の形式をわずかに破る。新館は、左右対称の平面、軸部の比例、玄関ポーチの形式、いずれも西洋的でありながら、壁面を和風の真壁に、屋根を入母屋の瓦葺きにする。両棟とも、厳格な形態と比例を持

《奈良ホテル》明治 42 年

《武雄温泉新館・楼門》大正 4 年

《東京駅》

《ニュー・スコットランド・ヤード》

つ骨格を、賑やかな細部と屋根で飾る辰野の好みがよく出ている。

辰野の和風建築はいずれも上層ないし屋根に豊かな表情があり、いわば和風によるピクチャレスクの表現といえる。和風における古典様式というべき寺院建築の意匠を借りて、記念性を表現してもいる。ピクチャレスクと古典を同居させているという意味で、これも一種の「辰野式」というべきだろう。

では、こうした「辰野式」の源流はどこにあるのか。辰野は何を表現したかったのだろうか。「辰野式」の建築には、元となる様式に多様性がみられながらも、どこか共通した性格がにじみ出ている。すると、辰野が表現したかったことは、外観の様式的特徴よりも、どこか別のところにありそうである。その源流は、やはり明治十二年からのイギリス留学時代の体験に求められるように思う。

バージェスへの敬慕

辰野の建築観は、イギリス流の思想に貫かれている。民間建築事務所において活動を展開していくことを旨とする信念。赤煉瓦を基調とする建築作品の造形。建築における美術と工学を切り離すのではなく両立させようとしたこと。いずれもイギリスの建築観と近い。そもそも工部大学校がイギリス人によるイギリス流の教育をおこなっていたし、卒業後にイギリスに留学をしたので、当然のことといえる。

辰野が影響を受けた建築家も、もちろんイギリス人であった。まず名前が挙がるのが、ジョサイア・コンドルである。しかし第二章に述べたように、コンドルよりも、イギリス留学時代に師事した建築家ウィリアム・バージェスからの影響の方が、辰野の建築観の中に深くしみ入っているように思われる。「美術建築」に関する姿勢のみならず、その影響は多岐にわたっている。

イギリス留学時代にバージェスから直接受けた指導については、『工学博士辰野金吾伝』に概要が次のように記されている。

> 偖其《さてその》事務所に入ればバルジス氏自ら指導の任に当られ自分の設計したる建築物並《ならび》に諸方の建築物を見学すべき便宜を与へ、学会の講演会に同行し或は聴講券を与へ、事務所に在る時は自己の蘊蓄を披瀝して呉《く》れる故に学校と異なる教育を受け、早く事務所の扱方《あつかいかた》を知悉する便宜あり。

同書中におけるイギリス留学時代の辰野の行動は、このバージェスからの指導が最も詳しく記されており、辰野のバージェスへの思いのほどが容易に想像されよう。バージェスは辰野が実地見習生を務めている間に不幸にも死去したのだが、辰野は遺言により五十ポンドの遺贈金を受けており、バージェスから信頼を勝ち得ていたこともうかがえる。

イギリスにおける辰野の具体的な行動については、『滞欧野帳』第一巻から知ることができる。この巻は、明治十四年一月二十七日から同年五月二十一日にかけての年記が認められるが、この間の四月二十日にバージェスが死去している。辰野にとっても特別な思いの残る時期であっただろう。『滞欧野帳』の内容は、建築物についてのスケッチとメモが大半を占めるが、このうちの多くがバージェス設計の建築物に関するものである。《ハーロウ校講堂》《カーディフ城》《ウォルサム教会》《ボンベイ美術学校》についての叙述が見出せる。バージェス建築の平面、構造、細部意匠を子細に記録した各ページから、その建築観を貪欲に学ぼうとする姿勢がよく伝わってくる。中でも四月のバージェス死去後に、集中して多数のスケッチが描かれている。師への追善の意をもって書写したものかもしれない。

これ以外にも、辰野はバージェスからの教えについて、折に触れて語っている。一つは、現寸図へのこだわりである。設計に当たって現寸図を書かなければ建築は模型と変わらなくなってしまうのだと、バージェスから仕込まれたという（伊藤『谷間の花が見えなかった時』）。細部を愛したバージェスらしい教えである。実際、《東京駅》では四百枚もの現寸図を、辰野自ら手を動かして書いている。

もう一つ、日本建築への着眼を挙げねばならない。辰野はバージェスから日本建築の特質を問われ、答えに窮したことを、弟子の伊東忠太に語っていた。自らの文化的背景に触れることの意義を痛感した辰野は、明治二十二年に帝国大学において、御所大工家の物領であった木子清敬を招いて日本建築学の講義を開講し、伝統建築研究の道を拓いている。

他にも、辰野の建築への信念の中には、バージェスからの影響と思われるものが多々ある。建築は民間の個人事務所で勝負すべきとする信念、美術と建築が一体となった世界、ピクチャレスクの表現。辰野の思想のほぼ全てにバージェスの

《ハーロウ校講堂》

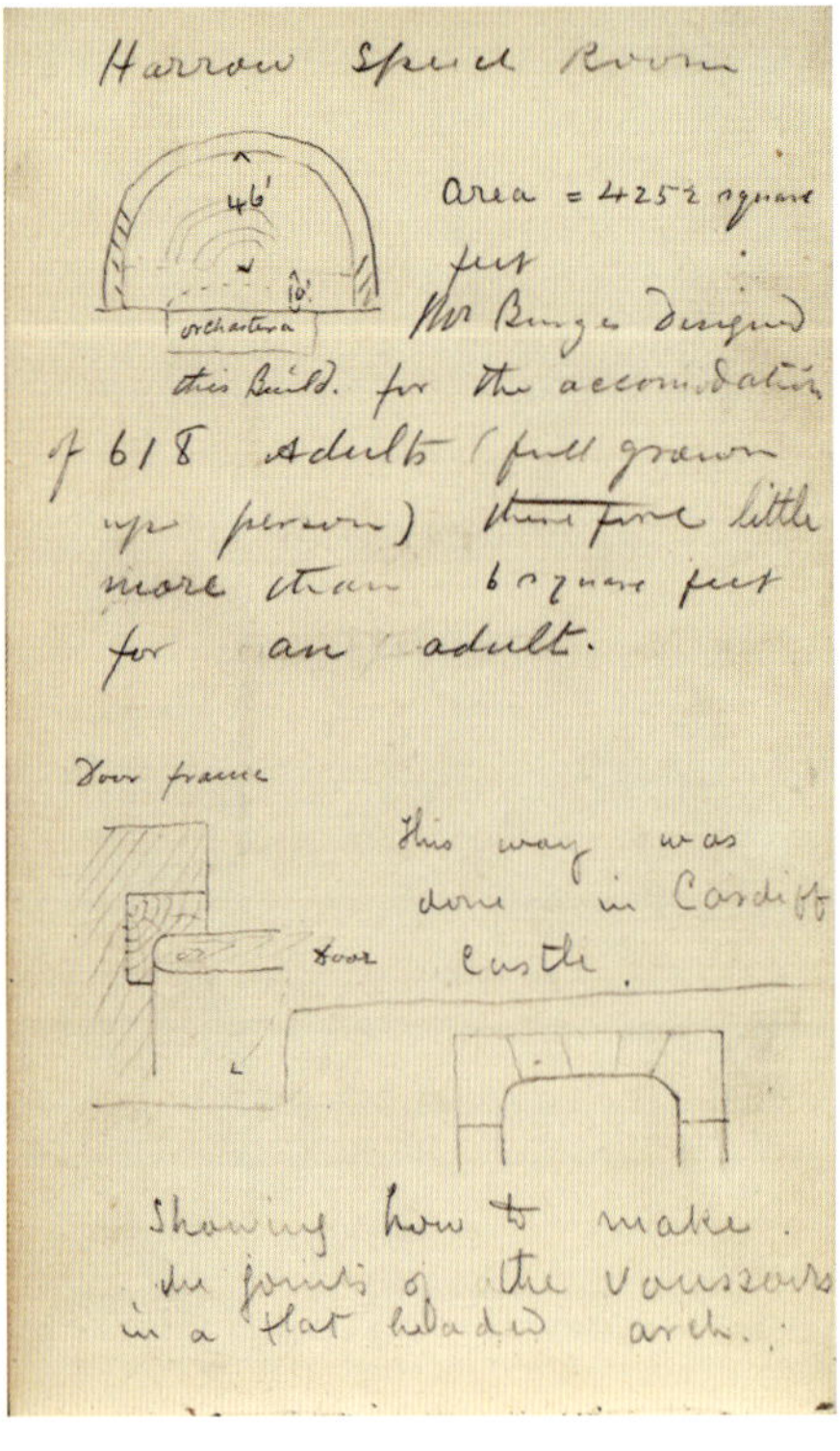

《ハーロウ校講堂》のスケッチ／『辰野金吾滞欧野帳』

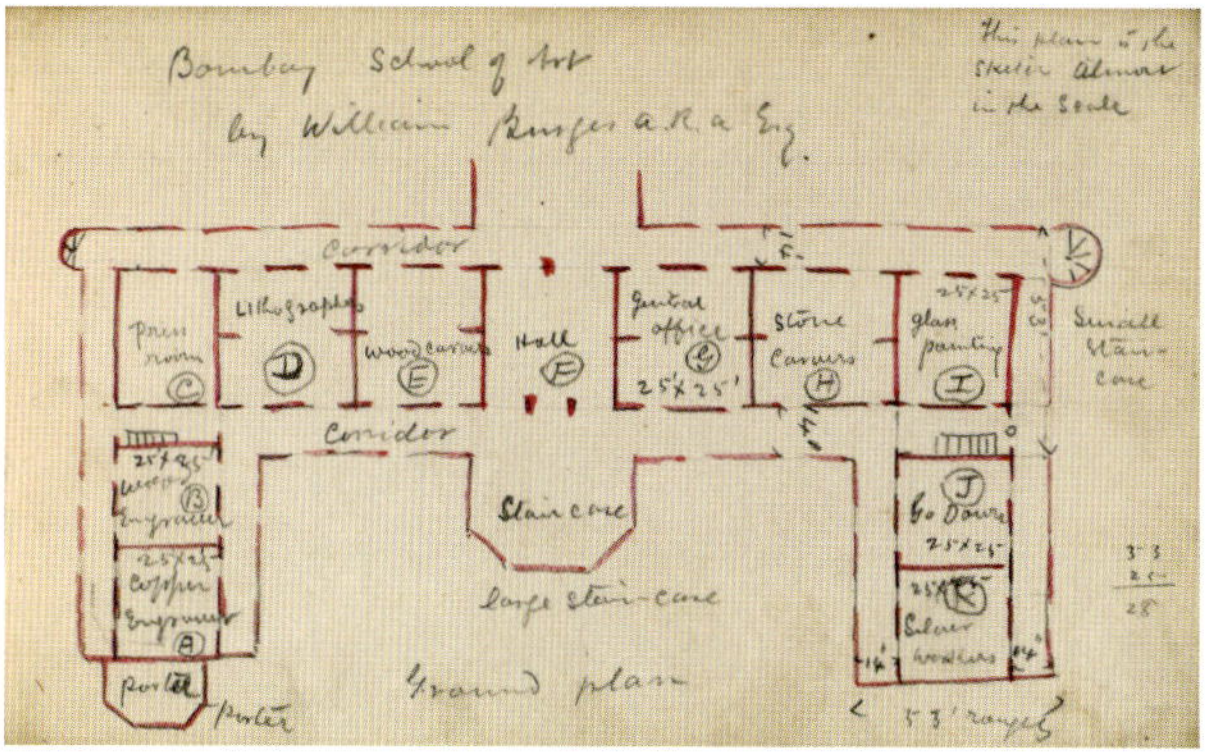

《ボンベイ美術学校》のスケッチ／同前

影が見えるほどである。こうしてみると、辰野はバージェスの全人格から影響を受けたといえるのかもしれない。

辰野のバージェスへの思慕を念頭に置くと、いくつかの辰野の作品の中にバージェスを意識したと思われる形が見えてくる。初期の佳作である《帝国大学工科大学本館》（明治二十一年）は、辰野には珍しいゴシック様式をまとっている。他の辰野の作品と多少毛色が異なっているが、大学内に先に建てられたコンドル設計のゴシック様式の校舎を意識した様式選択であろう。正面入口に設けられた円形平面の双塔に特徴があり、さらにゴシック様式ながらも窓は方形になっている。これらの特徴的な部分は、バージェスの自邸である《タワーハウス》と似通っている。《帝国大学工科大学本館》が初期辰野の記念碑的な作品の一つであることからすれば、辰野はこれを師バージェスへのオマージュとして設計したのかもしれない。

後期辰野第一作の《東京火災保険会社》（明治三十八年）にも、同じくタワーハウスを思わせる円形の塔が目立つ位置に設けられている。「辰野式」を形成していくにあたっても、まずバージェスを意識したところから始めた、と解釈できるかもしれない。

辰野が見たイギリス建築界

さて、バージェスの指導以外に、辰野はイギリスでどのようなことを学んだのだろうか。日本に西洋建築が導入された十九世紀は、「歴史主義」の時代であっ

《帝国大学工科大学本館》明治 21 年／『明治大正建築写真聚覧』

た。古典主義やゴシックに代表される各時代、各地域の様式を元に、建物の用途や立地に従って様式を選択したり、異なる様式を折衷したりすることで建築の意匠を作り出す考え方である。この時代の建築家にとって、数ある様式について、そのルールに習熟することが重要であった。日本の建築家の第一世代である辰野にとっても、もちろん様式への習熟は最優先課題だった。工部大学校でコンドルから受けた教育においても、そこへの意識は高められたはずである。この視点からすると、辰野はイギリスにおいて、様式表現を学ぶに適した歴史的モニュメントを多数見たものと想像するのが自然だろう。辰野が実見した建物を『滞欧野帳』から拾い出してみよう。先に挙げたバージェス設計の建造物以外では、ロンドンのものに《スタンダード生命保険事務所》《ナショナル・ギャラリー増築部》《セント・ジョンズ・ウッド美術学校》（一八七八年開校）、《ライシーアム劇場》《エクセター・ホール》《中央青果市場》（ホーレス・ジョーンズ設計、一八八三年竣工）、W・H・ラッセルス（ノーマン・ショーと共同した建築技術者で、セメントスラブシステムを開発）の作品が見られる。他地域のものには《カンタベリー大聖堂》《ウィンザー城》《リポン・グラマースクール》などがある。やはり《カンタベリー大聖堂》のような歴史的モニュメントを見ているが、同時にイタリアでの見聞同様に竣工間もない同時代の建築も多数見ていることがわかる。

同時代の建築を見る際の関心の対象は、①バージェス建築の細部、特に塔、ドーマー窓、開口部、暖炉、椅子、②採光への注目、とりわけナショナル・ギャ

バージェス建築のドーマー窓のスケッチ
『辰野金吾滞欧野帳』

《タワーハウス》

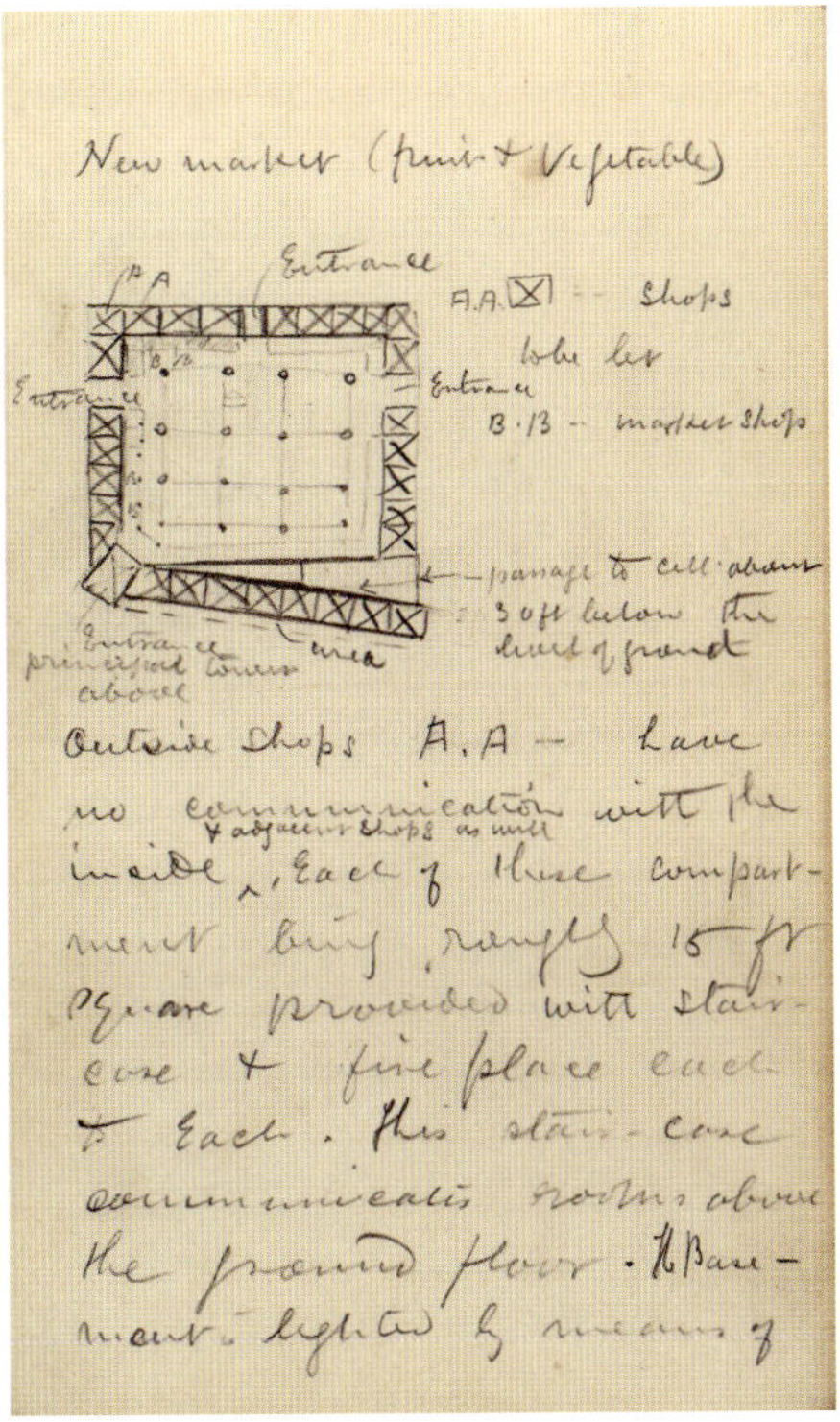

《中央青果市場》のスケッチ
同前

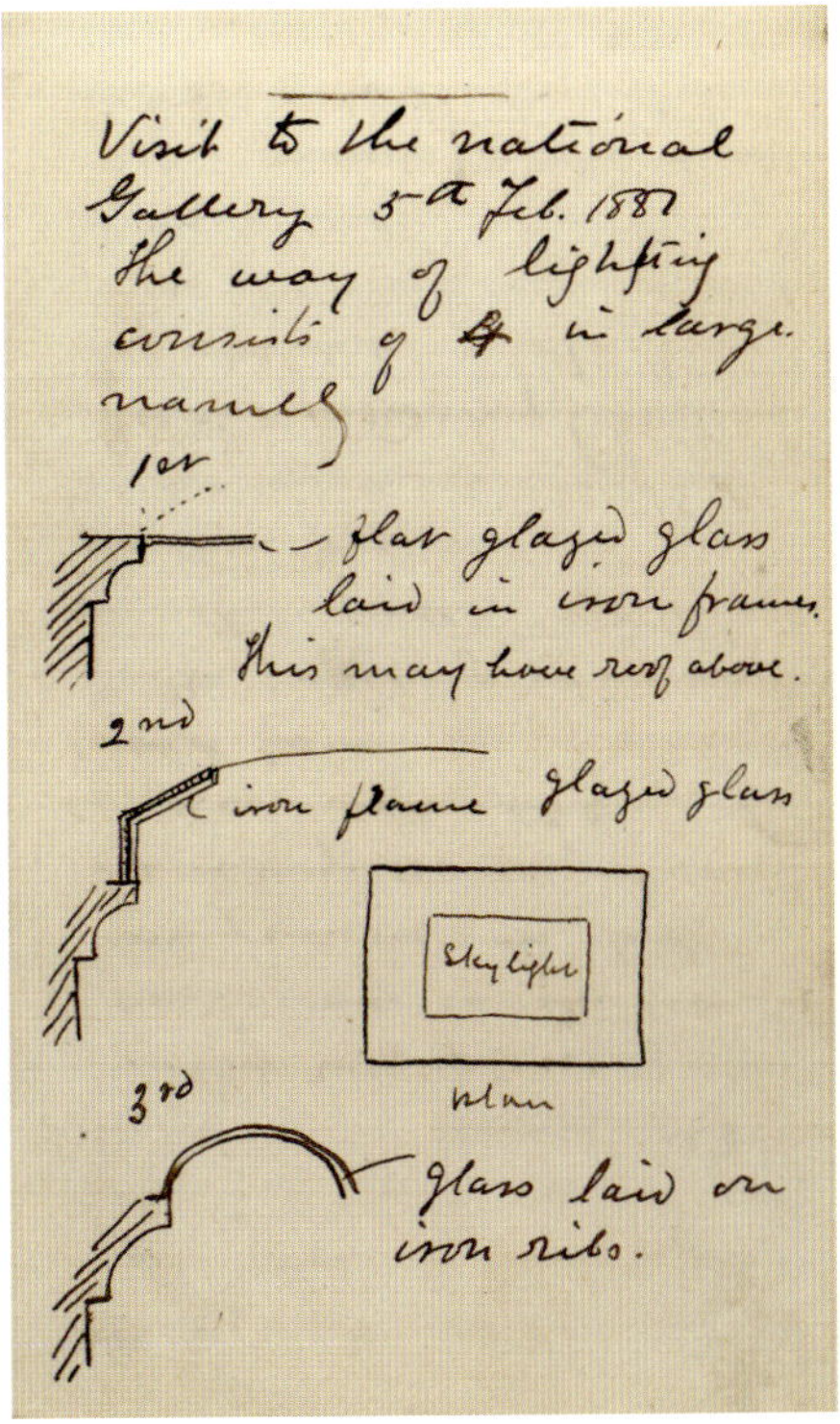

《ナショナル・ギャラリー増築部》のスケッチ
同前

ラリーおよびセント・ジョンズ・ウッド美術学校の天窓、③構造および材料への注視、といった点にある。メモ書きは、特に構造、材料、施工に関するものが多い。建築様式よりも、むしろ技術的・工学的側面に多く目を向けているあたり、辰野の本来の志向がかいまみられよう。

また、ロンドンの建物のうちのいくつかは、辰野が一人で見たのではなく、英国建築協会（Architectural Association）の見学会として、現地の建築家たちとともに訪れたものであった。バージェスの紹介を受けて参加したものだろう。見学建物はいずれも第一級の建築家による、鉄・コンクリートといった最新材料を用いた新しい機能を有するものであった。

辰野はロンドンの建築を単に様式として見ていたのではなく、新しい機能、新しい構造、材料、施工といった観点から、最新情報として貪欲に吸収しようとしていた。ロンドンの最先端に触れる日常だったのである。

辰野の視線は、建築物だけでなくイギリスの建築界にも向けられた。『滞欧野帳』第一巻には、イギリス建築界に対する辰野の率直な意見を記した文章「英国倫敦府造家学者ノ内マク及びビルドルノ弊」（三十九～四十葉、一八八一年四月頃）が記されている。建築家、技術者、施工業者を対比してイギリス建築界を語っているもので、建築家は美を求めるのみで技術面を技術者任せにしているという。また、建築家たちが格の劣る様式と見なされていたクイーン・アン様式を用いる誘惑に耐えきれない様子もつづる。後の「辰野式」へとつながるクイーン・アン様式への関心を示す最初の記事であるが、この時には辰野がクイーン・

アンに批判的であったことがうかがえる。

この記事に続く時期に、辰野がイギリス建築界の概況について曾禰に送った書簡が『工学叢誌』第五巻（明治十五年三月）に「蒸材弁及ヒ英国建築ノ概況」として掲載されている。当時の新築建築物を様式・類型によって四派に分類し、そのうち第四のクイーン・アン派を詳論している。様式的に浅薄であるものの、雅致がないわけではなく、しかも日本の気候に適合する面もあると、先の文章より好意的に見ている様がうかがえる。

両稿に一貫するのは、建築家・技術者・施工業者を一体として評価しようとする視点である。辰野はイギリスにおける建築家像を見習いつつも、設計の問題だけではなく、建築を実際に建設するための技術と施工を同時に考えていくことを意識し、建築家、技術者、施工業者の役割分担が明瞭なイギリス建築界に批判的な視線を投げかけていたのであった。

日本の建築界とイギリス

再び、辰野の建築観、そして辰野が造形した日本の建築界の在り方に戻ろう。辰野がイギリスから得たものとは、一つは建築家としての哲学、もう一つは日本の建築界の在り方への手がかりであった。

建築家としての辰野の哲学は、バージェスからの全人格的影響において形成されたものであった。また、「辰野式」に代表される作品群も、バージェスとの関係で考えた方が理解しやすく思える。《東京駅》第一案で見せた塔が華やかに林立する様も、バージェスの代表作である《カーディフ城》に通じるものがある。細部意匠は時代の先端を意識してノーマン・ショーに倣ったとはいえ、やはり本質的にはバージェスのピクチャレスク志向が頭から離れなかったのではないだろうか。

日本の建築界を切り開いていくに際し、辰野はいわば反面教師としてイギリスの建築界を見ていた。イギリスの地で辰野は、未知の世界をただあてもなく彷徨っていたのではなく、いかに日本の建築界に応用しうるか、という冷静な視線でその建築界を見ようとしていたのである。帰国後の辰野が築き上げていく日本の建築界は、イギリスに範をとりながら、それとは異なる独自の世界として造形されていくのである。

〈清水重敦〉

《英吉利法律学校》明治 22 年／『明治大正建築写真聚覧』

《日本銀行附属建物》（正金銀行出張所）明治 31 年
同前

《第一国立銀行大阪支店》明治 24 年／同前

《第一銀行本店》明治35年／同前

《日本銀行大阪支店》明治36年／同前

《国技館》明治42年／同前

《第一生命保険会社》大正 10 年／同前

《生命保険会社協会》大正元年／同前

《萬世橋停車場》明治 44 年／『東京百建築』

あとがき

東京駅が建設当初の姿に復原され、東京の玄関というべき丸の内の風景が一新された。設計者である辰野金吾の名前も、いろいろなところで見かけるようになった。辰野という人物、そして辰野が作り上げた日本の建築界を見つめ直してみるのによい機会が訪れたように思う。

筆者らが辰野の人物像に関心を持ち始めたのは、十数年前に遡る。辰野が学んだ工部大学校に付属して設立された工部美術学校についての研究を進めていた河上は、工部大学校の蔵書について調べを進めていた清水と議論する中で、『工学博士辰野金吾伝』の中に、これまで注目されていなかった工部美術学校の教師フェッレッティの名前があることに気づいた。辰野が工部大学校を卒業してイギリスに向かったその船に、工部省との契約を終えてイタリアに帰国するこの人物が同船していた。その後、河上は工部美術学校出身の画家松岡壽の研究を進める中でも辰野と出会うことになった。松岡の日記から、イギリス留学に継続しておこなったグランド・ツアーでイタリアを訪問していた辰野が松岡や彫刻家長沼守敬と愉快な交流をする姿が眼に浮かんだ。「辰野堅固」と渾名されたほどの堅物といわれてきた辰野だが、もしかするととても人情味溢れる温かな人だったのではないか。こうして若き日の辰野金吾像を建築と美術の両面から探る共同研究を

後藤慶二画「辰野博士作物集」 弟子の後藤が辰野の還暦を祝い、辰野建築を一枚の絵に配置して描いた／『工学博士辰野金吾伝』

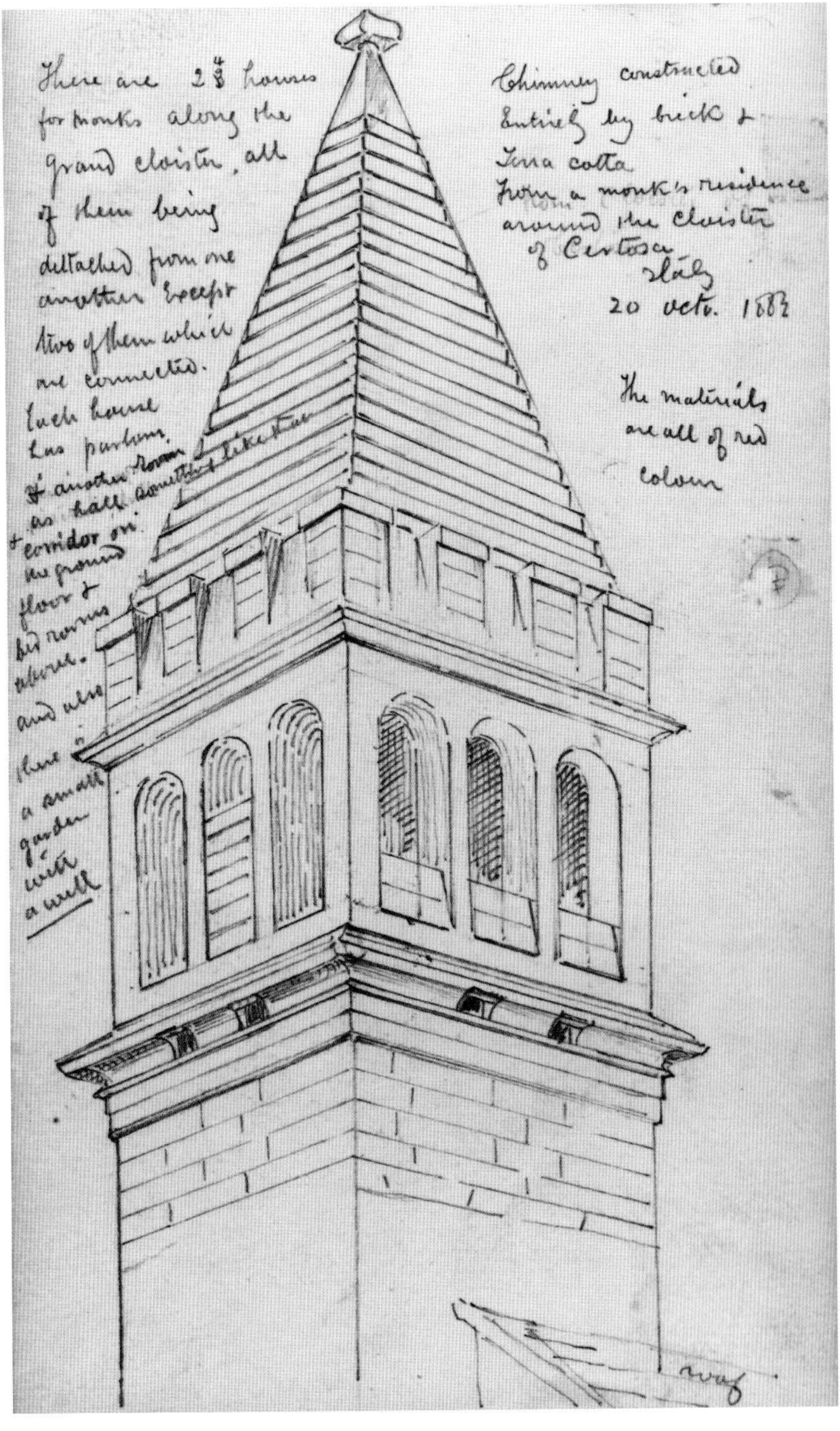

for monks along the
grand cloister, all
of them being
detached from one
another except
two of them which
are connected.
Each house
has parlours
as hall
corridor on
the ground
floor &
bed rooms
above.
and also
a small
garden
with
a well
Chimney constructed
Entirely by brick &
Terra cotta
from a monk's residence
around the cloister
of Certosa
Italy
20 octo. 1882
The materials
are all of red
colour

《カルトゥジオ会修道院》のスケッチ／『辰野金吾滞欧野帳』

始めたのであった。

筆者らは、その鍵が辰野の欧州留学時代にあると見て、それまでに知られていた断片的情報を元に、イギリス、フランス、イタリアへの追跡調査を進めていった。そんな中、目の前に突然現れたのが、『辰野金吾滞欧野帳』全四冊であった。この野帳を調査する許しを得、手に触れ、閲覧させていただいた時の胸の高鳴りは忘れられない。真の辰野金吾に出会ったと思えた瞬間だった。

『滞欧野帳』には都市名のみが記され、建築名の記載はない。そこで、「辰野のグランド・ツアー」を実際に旅することとした。数年間かけて、地図を片手に辰野が描いた実物を探索した。時間と労力とお金もかかるが、描かれたものを同定できた時の喜びはひとしおであった。本文にも記したが、厳寒のブロワで《軽業師の家》の正面の柱を飾る木彫装飾を見つけ、辰野がスケッチしていたと思われる位置に立って見たときの感動は今も思い出される。

『滞欧野帳』を契機として、本書はこれまでとは少し違う視点から辰野像を描くことができたのではないかと思う。日本近代の建築の歴史をその起点から見つめ直すこと、佐賀唐津から日本近代の建築が始まったことを益々意識するべきだと感じている。

末筆になるが、執筆にあたり、『滞欧野帳』の閲覧・研究を快諾して下さった竹野節子様、調査の過程でお世話になったカーディフ城キュレーターのマシュー・ウィリアムズ様、辰野智子様、辰野家由来の史料の閲覧を許可して下さった東京大学名誉教授の藤森照信先生、現在同史料を所蔵する東京大学大学院教授の藤井恵介先生、そして執筆を勧めて下さり、遅れがちな筆者らに温かい激励を送り続けて下さった古川英文佐賀城本丸歴史館副館長に謝意を表したい。また、清水の転職にともない研究スケジュールが大幅に乱れ、出版が遅れたことを関係諸氏及び読者各位にこの場をお借りしてお詫び申し上げたい。研究を進めるにあたり、河上は平成二十一年度、及び二十二年度「京都造形芸術大学特別制作研究費助成」を得た。記して感謝したい。

なお、引用史料及び文献で使用されている旧字体は新字体に直し、また適宜濁点を付した。

平成二十六年二月

河上眞理
清水重敦

松本家住宅　現：西日本工業倶楽部

所在地：福岡県北九州市戸畑区一枝 1-4-33
設計者：辰野片岡事務所
竣工年：1912 年
施工者：安川松本商店臨時建築部
指定等：国重文

二十三銀行　現：大分銀行赤レンガ館

所在地：大分県大分市府内町 2-2-1
設計者：辰野片岡事務所
竣工年：1913 年
施工者：佐伯組
指定等：国登録

潮湯別館　現：南天苑本館

所在地：大阪府河内長野市天見 158
設計者：辰野片岡事務所
竣工年：1913 年
施工者：不詳
指定等：国登録
備　考：移築

中央停車場本屋　現：東京駅丸ノ内本屋

所在地：東京都千代田区丸の内 1-9-1
設計者：辰野葛西事務所
竣工年：1914 年
施工者：大林組
指定等：国重文

日本生命保険会社京都支店　現：日本生命京都三条ビル

所在地：京都府京都市中京区桝屋町 75
設計者：辰野片岡事務所
竣工年：1914 年
施工者：山本鑑之進
指定等：国登録

武雄温泉新館・楼門

所在地：佐賀県武雄市武雄町大字武雄 7425
設計者：辰野葛西事務所
竣工年：1915 年
施工者：清水組
指定等：国重文

百三十銀行八幡支店　現：北九州市立旧百三十銀行ギャラリー

所在地：福岡県北九州市八幡東区西本町 1-20-2
設計者：辰野片岡事務所
竣工年：1915 年
施工者：安部組
指定等：市指定

函館図書館書庫

所在地：北海道函館市青柳町 17-2
（函館公園内）
設計者：辰野葛西事務所
竣工年：1916 年
施工者：村木甚三郎
村木喜三郎

山口銀行京都支店　現：フローイングカラスマ

所在地：京都府京都市中京区烏丸通蛸薬師下ル手洗水町 645
設計者：辰野片岡事務所
竣工年：1916 年
施工者：不詳

猪苗代第二発電所

所在地：福島県会津若松市蚕養町 10-1
設計者：辰野葛西事務所
竣工年：1917 年
施工者：不詳

写真提供：東京電力㈱

加島銀行池田支店　現：河村商店

所在地：大阪府池田市栄本町 3172-1
設計者：辰野片岡事務所
竣工年：1918 年
施工者：不詳
指定等：国登録

大阪市中央公会堂

所在地：大阪府大阪市北区中之島 1-1-27
設計者：岡田信一郎
辰野片岡事務所
竣工年：1918 年
施工者：直営
指定等：国重文

現存する辰野建築選 2014年2月現在

日本銀行本店本館

所在地：東京都中央区日本橋本石町2-1-1
設計者：日本銀行
竣工年：1896年
施工者：直営
指定等：国重文

日本銀行大阪支店

所在地：大阪府大阪市北区中之島2-1-45
設計者：日本銀行
竣工年：1903年
施工者：直営

日本銀行京都支店　現：京都文化博物館

所在地：京都府京都市中京区三条通高倉西入ル菱屋町48
設計者：日本銀行
竣工年：1906年
施工者：直営
指定等：国重文

浜寺公園駅

所在地：大阪府堺市西区浜寺公園町2丁188
設計者：辰野片岡事務所
竣工年：1907年
施工者：大林組
指定等：国登録

第一銀行神戸支店　現：神戸市営地下鉄海岸線みなと元町駅

所在地：兵庫県神戸市中央区栄町通4-8
設計者：辰野葛西事務所
竣工年：1908年
施工者：清水組
備　考：外壁保存

明治専門学校守衛所　現：九州工業大学守衛所

所在地：福岡県北九州市戸畑区仙水町1-1
設計者：辰野葛西事務所
竣工年：1909年
施工者：不詳

日本生命保険会社九州支店　現：福岡市赤煉瓦文化館

所在地：福岡県福岡市中央区天神1-15-30
設計者：辰野片岡事務所
竣工年：1909年
施工者：清水組
指定等：国重文

奈良ホテル

所在地：奈良県奈良市高畑町1096
設計者：辰野片岡事務所
竣工年：1909年
施工者：直営

盛岡銀行本店　現：岩手銀行中ノ橋支店

所在地：岩手県盛岡市中ノ橋通1-2-20
設計者：辰野葛西事務所
竣工年：1911
施工者：中沢善太郎
指定等：国重文

朝鮮銀行本店　現：韓国銀行中央本部

所在地：大韓民国ソウル特別市中区南大門路3街110番地
設計者：辰野葛西事務所
竣工年：1912年
施工者：清水組

日本銀行小樽支店　現：日本銀行旧小樽支店金融資料館

所在地：北海道小樽市色内1-11-16
設計者：日本銀行
竣工年：1912年
施工者：富樫文次
指定等：市指定

大阪教育生命保険　現：オペラ・ドメーヌ

所在地：大阪府大阪市中央区高麗橋2-6-4
設計者：辰野片岡事務所
竣工年：1912年
施工者：不詳

辰野金吾関連略年譜

(西暦)	(和暦)	(年齢)	(事項)
1854	安政 1	**1**	8.22 姫松倉右衛門・おまつの次男として唐津城下裏坊主町に生まれる。
1868	明治 1	**15**	父の実弟辰野宗安の養嗣子となる。
1870	明治 3	**17**	唐津藩が東京から東太郎（高橋是清）を英語教師に招聘し洋学校「耐恒寮」を開校。辰野金吾，曾禰達蔵ほか 50 名入学。
1872	明治 5	**19**	「耐恒寮」廃校，高橋是清帰京に伴い，曾禰ほかに続き辰野も上京。
1873	明治 6	**20**	工部省工学寮第 1 回入学試験を受験。83 名中，曾禰，麻生ほか 20 名が官費入寮生として，辰野は通学生として合格。10 月の再試験で辰野は官費入寮生となる。
1875	明治 8	**22**	専門科で機械学(造船学志望)を選択した後，造家学に転じる。同級生に宮傳次郎（在学中没)，曾禰達蔵，原田（片山）東熊，佐立七次郎。
1877	明治 10	**24**	工学寮が工部大学校に改組。造家学教師としてジョサイア・コンドル着任。
1879	明治 12	**26**	工部大学校造家学卒業。卒業設計 Natural history museum，卒業論文 Thesis on the future domestic architecture in Japan（日本の将来の住宅建築について)。在学中の総成績によって辰野が造家学の首席となり，官費留学を勝ち取る。鳥羽秀子と結婚。
1880	明治 13	**27**	他学卒業の 10 名とともに官費留学生としてロンドンへ留学。キュービット建築会社にて 5 ヶ月間，建築施工を実習。建築家ウィリアム・バージェスの実地見習生となり建築設計実務を修学。ロンドン大学およびロイヤル・アカデミー・オブ・アーツで建築修学。
1881	明治 14	**28**	バージェス死去。遺贈金 50 ポンドを受領。
1882	明治 15	**29**	ロンドン大学建築学構造全科修了。フランス，イタリアへのグランド・ツアー実施。
1883	明治 16	**30**	帰国。工部省御用掛として奉職，工部省営繕課勤務。
1884	明治 17	**31**	工部省権少技長に昇任。コンドルの後任として工部大学校教授に就任。
1885	明治 18	**32**	工部省廃省。工部大学校は文部省に移管され東京大学工芸学部と合併し，辰野は非職となる。《銀行集会所》（処女作）竣工。
1886	明治 19	**33**	工部省権少技長および工部大学校教授を依願退官。大倉喜八郎の誘いで土木用達組に入るもすぐに退き，岡田時太郎とともに辰野建築事務所を開設。帝国大学新設，工部大学校は帝国大学工科大学へと改組され，工科大学教授に就任。「造家学会」を創設。
1888	明治 21	**35**	工手学校開校。工学博士。日本銀行の委嘱により銀行建築等調査のため 1 年間の欧米出張。《渋澤栄一邸》《帝国大学工科大学本館》竣工。
1889	明治 22	**36**	帝国大学工科大学造家学科に「日本建築学」を開講し，講師に木子清敬を招く。明治美術会評議員となる。欧米出張より帰国。
1891	明治 24	**38**	濃尾地震。
1892	明治 25	**39**	震災予防調査会委員となる。高橋是清が日本銀行建築事務主任に就任。
1894	明治 27	**41**	明治美術学校長に就任（明治 29 年 8 月まで)。
1896	明治 29	**43**	《日本銀行本店》本館竣工。
1898	明治 31	**45**	帝国大学が東京帝国大学と改称され，二代目の工科大学長に就任。
1902	明治 35	**49**	工科大学教授を依願退官。
1903	明治 36	**50**	東京に辰野葛西建築事務所開設。《日本銀行大阪支店》竣工。
1905	明治 38	**52**	大阪に辰野片岡建築事務所開設。《東京火災保険会社》竣工。
1906	明治 39	**53**	《中央停車場》（東京駅）設計開始。《第一銀行京都支店》《日本銀行京都支店》竣工。
1909	明治 42	**56**	《明治専門学校》《奈良ホテル》《日本生命保険会社九州支店》《国技館》竣工。
1910	明治 43	**57**	議院建築準備委員会設置，委員となる。
1914	大正 3	**61**	《中央停車場》（東京駅）竣工。
1915	大正 4	**62**	《武雄温泉新館・楼門》竣工。
1917	大正 6	**64**	議院建築調査会設置，委員となる。同会はコンペによる設計を決定。
1918	大正 7	**65**	《大阪市中央公会堂》竣工。
1919	大正 8	**66**	3.25 東京赤坂新坂町の自邸にて逝去。

辰野金吾参考文献

辰野金吾「蒸材弁及ヒ英国建築ノ概況」,『工学叢誌』5, 1882年
辰野金吾「家屋装飾論（ハウスデコレーション）」,『工学叢誌』24, 1883年
辰野金吾「フレスコニ就テ」,『明治美術会第17回報告』, 1892年
辰野金吾・葛西萬司『家屋建築実例』（全2冊）, 須原屋, 1908年
辰野金吾「中央停車場の建築」,『学生』4-1, 1913年
黒田鵬心編『東京百建築』, 建築画報社, 1915年
白鳥省吾編『工学博士辰野金吾伝』, 辰野葛西事務所, 1926年
旧工部大学校史料編纂会『旧工部大学校史料』, 虎之門会, 1931年
座談会「最近十五年間に於ける関西建築界の変遷を語る会」,『建築と社会』15-10, 日本建築協会, 1932年
辰野隆『忘れ得ぬ人々』, 弘文堂書房, 1939年
村松貞次郎『日本近代建築史ノート――西洋館を建てた人々』, 世界書院, 1965年
日本建築学会編『近代日本建築学発達史』, 丸善, 1972年
高橋是清『高橋是清自伝』上・下, 中公文庫, 1976年
村松貞次郎・堀勇良『日本の様式建築』, 新建築社, 1977年
佐竹鐵也「東京駅」,『ガラス』223, 1977年
Saint, Andrew *Richard Norman Shaw*, Yale University Press, 1977年
藤森照信『日本の建築［明治大正昭和］』3国家のデザイン, 三省堂, 1979年
三好信浩『日本工業教育成立史の研究』, 風間書房, 1979年
Crook, Joseph Mordaunt *William Burges and the high Victorian dream*, J. Murray, 1981年
伊藤ていじ『谷間の花が見えなかった時――近代建築史の断絶を埋める松本與作の証言』, 彰国社, 1982年
松本與作「辰野金吾と東京駅」,『建築雑誌』1261, 1987年
『東京駅の世界』, かのう書房, 1987年
藤森照信編『日本近代思想体系』19都市建築, 岩波書店, 1990年
吉川盛一・水野信太郎編『東京駅と辰野金吾――駅舎の成り立ちと東京駅のできるまで』, 東日本旅客鉄道株式会社, 1990年
島秀雄編『東京駅誕生――お雇い外国人バルツァーの論文発見』, 鹿島出版会, 1990年
三輪英夫編『明治の洋画――明治の渡欧画家』（日本の美術No.350）, 至文堂, 1995年
石田潤一郎『関西の近代建築――ウォートルスから村野藤吾まで』, 中央公論美術出版, 1996年
鈴木博之『ヴィクトリアン・ゴシックの崩壊』, 中央公論美術出版, 1996年
『学問のアルケオロジー』, 東京大学, 1997年
出口裕弘『辰野隆・日仏の円形広場』, 新潮社, 1999年
杉山英男「近代建築史の陰に」11-17,『建築技術』609-615, 2000-2001年
東秀紀『東京駅の建築家辰野金吾伝』, 講談社, 2002年
河上眞理「1880年代イタリア王国における美術をめぐる状況と松岡壽」,『松岡壽研究』, 中央公論美術出版, 2002年
ケネス・クラーク著, 近藤存志訳『ゴシック・リヴァイヴァル』, 白水社, 2005年
大内田史郎『東京駅丸ノ内本屋の意匠と技術に関する建築史的研究』（博士論文）, 私家版, 2006年
ロジャー・ディクソン, ステファン・マテシアス著, 粟野修司訳『ヴィクトリア朝の建築』, 英宝社, 2007年
河上眞理「明治の美術界におけるイタリア――画家松岡壽と建築家辰野金吾の場合」,『立命館言語文化研究』20-2, 立命館大学国際言語文化研究所, 2008年
河上眞理「辰野金吾のグランド・ツアー――『辰野金吾滞欧野帳』を中心に」,『京都造形芸術大学紀要』15, 2010年
河上眞理「辰野金吾のグランド・ツアー」,『日本建築学会大会学術講演梗概集』, 2010年
河上眞理・清水重敦「辰野金吾の見たフランス」,『日本建築学会大会学術講演梗概集』, 2011年
河上眞理『工部美術学校の研究――イタリア王国の美術外交と日本』, 中央公論美術出版, 2011年
清水重敦・河上眞理「辰野金吾の見たイギリス」,『日本建築学会大会学術講演梗概集』, 2012年
小野田滋『高架鉄道と東京駅』上・下, 交通新聞社新書, 2012年

辰野金吾関連史跡

旧唐津銀行
明治45年の竣工。辰野金吾の監修のもと，愛弟子の田中実が設計した。辰野金吾や曾禰達蔵の常設展示がある。
唐津市本町1513-15
TEL 0955-70-1717

志道館中門
享和元年（1801），水野藩の藩校「経誼館」の中門として建築され，のちに小笠原藩に引き継がれ，藩校「志道館」の中門となった。
唐津市西城内4-43付近

耐恒寮洋学館跡地
明治3年に唐津藩が設立した英学校で，当初は城内の武家屋敷が使用された。記念の石柱が建てられている。
唐津市大名小路交差点付近

辰野金吾生誕地
唐津市坊主町交差点の北側の道路沿いに，ひっそりと記念の石柱が建てられている。
唐津市坊主町交差点付近

工部大学校跡地
明治時代初期に工部省が管轄した教育機関で，現在の東京大学工学部の前身の一つである。
千代田区霞が関3-2-1
霞ヶ関コモンゲート西館敷地内

常圓寺
日蓮宗の寺院で，辰野金吾と妻秀子の墓があり，左右には長男の隆，次男の保の墓がある。
新宿区西新宿7-12-5
TEL 03-3371-1797

日本建築学会
建築図書館・博物館
日本建築学会は辰野金吾が創始し，会長も務めた。図書館は「辰野文庫」を所蔵する。
港区芝5-26-20
TEL 03-3456-2051

清水重敦（しみず・しげあつ）

1971年，東京都生まれ。

東京大学工学部卒業。1999年同大学大学院工学系研究科博士課程単位取得退学。日本建築史および文化遺産論専攻。2005年同大学から博士（工学）の学位を取得。独立行政法人国立文化財機構奈良文化財研究所景観研究室長を経て，2012年より京都工芸繊維大学大学院工芸科学研究科准教授。

編著書に，『建築保存概念の生成史』（中央公論美術出版），『擬洋風建築』（至文堂），『都市・建築・歴史』7巻・近代とはなにか（共著・東京大学出版会），『復元思想の社会史』（共著・建築思潮研究所）ほか。

河上眞理（かわかみ・まり）

1963年，千葉県生まれ。

早稲田大学文学部卒業。同大学院を経て，1995年度イタリア政府奨学金留学生としてヴェネツィア・カ・フォスカリ大学文学部美術史学科に留学，2001年同大学から博士号 (Ph. D) を取得。美術史専攻。1997年～99年，在イタリア日本国大使館外務省専門調査員として日伊交流事業に従事。2007年より京都造形芸術大学芸術学部准教授。

編著書に，『工部美術学校の研究――イタリア王国の美術外交と日本』（中央公論美術出版），『松岡壽研究』（共著・中央公論美術出版），『国際社会で活躍した日本人――明治～昭和13人のコスモポリタン』（共著・弘文堂），『アジア・アフリカと新しい潮流』（共著・藝術学舎），「1880年代イタリア王国における美術をめぐる状況と松岡壽」（『松岡壽研究』中央公論美術出版）ほか。

佐賀偉人伝08《さがいじんでん 08》
辰野金吾《たつのきんご》

2014年　3月10日　初版印刷
2014年　3月20日　初版発行

著　者　清水重敦《しみずしげあつ》
　　　　河上眞理《かわかみまり》
発行者　七田忠昭
発行所　佐賀県立佐賀城本丸歴史館《さがけんりつさがじょうほんまるれきしかん》
佐賀県佐賀市城内2-18-1　〒840-0041
電話 0952-41-7550
FAX 0952-28-0220
装　丁　荒木博申（佐賀大学）
編集協力　和田夏生（工房＊アステリスク）
印　刷　福博印刷株式会社
歴史資料の収録にあたり、一部に不適切と考えられる表現の記載もありますが、その史料的な価値に鑑み、そのまま掲載しました
ISBN978-4-905172-07-9　C3352

佐賀偉人伝 既刊 2014年3月現在

A5判・112頁・本体価格952円＋税

電子書籍同時発刊
価格：800円（税込）
対応端末：PC, iPhone, iPad, Android, Tablet
電子書籍のご購入方法は、「佐賀偉人伝」ホームページ（http://sagajou.jp/sagaijinden/）をご覧ください。

シリーズイメージ

佐賀偉人伝 01 ISBN978-4-905172-00-0
鍋島直正 杉谷 昭 著
佐賀藩が近代化を進めるにあたって強力なリーダーシップを発揮したのが第10代藩主・鍋島直正です。鍋島直正が推進した“抜本的な改革”と“驚くべき挑戦”、さらに、刻々と変化する幕末の政治状況下における決断と動向にも迫ります。

佐賀偉人伝 02 ISBN978-4-905172-01-7
大隈重信 島 善髙 著
不屈の政治家として生涯を貫き、早稲田大学の創設者としても知られる大隈重信。わが国はじめての政党内閣を成立させた政治家としての足跡や、教育へむけた理念などを中心に、さまざまな分野での活躍についても紹介しています。

佐賀偉人伝 03 ISBN978-4-905172-02-4
岡田三郎助 松本誠一 著
第1回文化勲章受章者である岡田三郎助は、美人画に独特の優美さをそなえ、「色彩の画家」と評されました。東京美術学校（現東京藝術大学）で教鞭を執り、帝国美術院会員、帝室技芸員として美術界を牽引。絵画作品のカラー図版も多数収録。

佐賀偉人伝 04 ISBN978-4-905172-03-1
平山醇左衛門 川副義敦 著
江戸末期に佐賀藩でいちはやく導入された西洋砲術は、武雄領主・鍋島茂義の指揮のもと推進されました。その最前線にあって当時最新鋭の技術導入に奮闘し、めざましく活躍した平山醇左衛門は、突然の斬首という不可解な死を遂げました。

佐賀偉人伝 05 ISBN978-4-905172-04-8
島 義勇 榎本洋介 著
島義勇は、明治初期に開拓判官として北海道に入り、札幌を中心として都市を建設するために尽力しました。新政府における開拓使設置の目的や、初代長官に鍋島直正、判官に島を選任した背景、さらに島の苦難と取組みについて検証します。

佐賀偉人伝 06 ISBN978-4-905172-05-5
大木喬任 重松 優 著
大木喬任は、明治前期のわが国の制度づくりにたずさわり、とくに初代文部卿として近代的教育の確立に力を尽くしました。深く歴史に学び、経世家として評価された大木が、新しい時代へむけて抱いた構想と功績に切りこみます。

佐賀偉人伝 07 ISBN978-4-905172-06-2
江藤新平 星原大輔 著
江藤新平は、微禄の武士でありながら藩内で頭角を現わし、明治政府においては、司法や教育をはじめ日本のさまざまな制度づくりに活躍しました。本書は、江藤のさまざまな動きについて、綿密に追跡しながら明らかにしていきます。

佐賀偉人伝 09 ISBN978-4-905172-08-6
佐野常民 國 雄行 著
佐野常民は日本赤十字の父として有名です。また、万国博覧会や内国勧業博覧会などの事業についても尽力しました。本書は、博覧会事業を通してうかがえる佐野の構想や業績を探ることにより、日本の近代化の一側面を描き出します。

佐賀偉人伝 10 ISBN978-4-905172-09-3
納富介次郎 三好信浩 著
小城出身の納富介次郎は、日本の工芸教育のパイオニアです。海外視察の体験を生かし、日本の伝統工芸を輸出産業に発展させる方策を探求しました。日本各地に「工芸」教育の学校を興し、人づくりに貢献。異色の教育者の生涯を発掘します。

佐賀偉人伝 11 ISBN978-4-905172-10-9
草場佩川 高橋博巳 著
多久邑に生まれた草場佩川は、二十代半ばにして朝鮮通信使の応接に関わり、その詩文や書画は通信使たちから絶賛されました。のちには弘道館の教授として、また文人として全国に名をとどろかせました。江戸時代に日本と朝鮮のあいだで交わされた友情の軌跡をたどります。

佐賀偉人伝 12 ISBN978-4-905172-11-6
副島種臣 森田朋子・齋藤洋子 著
副島種臣は明治新国家の構築に関わり、ことに黎明期外交において活躍し、一等侍講として明治天皇の深い寵愛を受けました。本書は、欧米列強からも喝采を浴びた外交上の功績や、絶えず政府に注視された政治活動などを軸に、多くの知識人に敬仰された巨大な姿を追います。